LA

NOUVELLE ÉGLISE PAROISSIALE

DE LOURDES (Hautes-Pyrénées)

SA LÉGENDE ET SON HISTOIRE

A Monsieur le Ministre de l'Intérieur et des Cultes ;

A Monsieur le Préfet des Hautes-Pyrénées ;

A Monseigneur Billière, Évêque de Tarbes.

LA
NOUVELLE ÉGLISE PAROISSIALE
DE LOURDES (Hautes-Pyrénées)

SA LÉGENDE ET SON HISTOIRE

On ne possède généralement sur les différentes phases parcourues par l'Œuvre de la reconstruction de l'église paroissiale de Lourdes, depuis ses origines jusqu'à aujourd'hui, que des relations purement légendaires.

Les habitants de la ville de Lourdes se sont complu à ces fictions; quelques-uns même les ont prises pour des réalités, après s'être donné la peine de les inventer eux-mêmes.

Ce sont, en effet, les dires de certains personnages qui ont fourni les éléments de cette *légende* qui, par elle-même, bien antérieure à l'arrêt des travaux, a été la cause unique du ralentissement, d'abord, et ensuite de la suspension définitive de l'exécution de l'Édifice communal.

Le travail que nous entreprenons n'a d'autre but que d'opposer *l'Histoire à la Légende*, en rétablissant la vérité dans les faits.

LA LÉGENDE

La reconstruction de l'église paroissiale de Lourdes, d'après la légende, n'aurait pas été seulement une œuvre préparée avec patience et avec sa foi ardente par Mgr Peyramale, ç'aurait été une œuvre qui lui serait entièrement personnelle et complètement sienne : avec l'appui de Son Em. le cardinal Langénieux, alors évêque de Tarbes, et à l'aide des dons des nombreux pèlerins qui visitent chaque année la ville de Lourdes, *il aurait conçu le projet de faire édifier personnellement à ses frais la nouvelle église*, POUR EN DOTER LA CITÉ LOURDAISE.

(C.)

La Fabrique et la Commune NE SERAIENT PAS INTERVENUES dans la préparation et l'exécution du projet, sinon la commune, par le vote d'une subvention de 100,000 fr. *à Mgr Peyramale* et la cession d'un banc de schiste au propriétaire du terrain sur lequel s'élèvent les nouvelles constructions.

Son Em. le Cardinal Langénieux n'aurait approuvé l'idée première de l'œuvre *que sur un plan beaucoup plus modeste.*

Mgr Jourdan, quand vivait, évêque de Tarbes, n'aurait vu ni plan ni devis ; et, au dire de sa Grandeur, son Em. le Cardinal Langénieux n'aurait autorisé *qu'une église de 350,000 fr.*

Mgr Jourdan n'aurait fait autre chose que laisser l'entreprise suivre son cours *dans les limites posées par son vénérable Prédécesseur ;* ON aurait, depuis, fait au plan primitif, seul approuvé, des additions considérables *sans lui en dire un seul mot ;* qu'il suivait de là que Sa Grandeur ne pouvait, à aucun titre, accepter la succession de Mgr Peyramale.

Enfin, l'entrepreneur ayant traité de gré à gré avec Mgr Peyramale des travaux de la nouvelle église, ne pouvait que s'en prendre à lui-même, s'il avait agi en dehors de toutes les formes légales et de toutes les précautions et garanties nécessaires pour assurer sa situation et donner force et valeur aux prétendus engagements dont il entendait se prévaloir à l'égard de la Fabrique.

Telle est cette *Légende* que les arrêts successifs du Conseil d'État n'ont pu parvenir à déraciner de l'esprit de Messieurs les Administrateurs de la Fabrique et de la commune de Lourdes ; *Légende* qui, DURANT PLUS DE DIX ANNÉES, aura empêché toute solution amiable de cette affaire de l'église de Lourdes.

Il est des *Légendes* inoffensives ; mais celle-ci, en enlevant aux faits leur caractère de vérité, aura été désastreuse pour les intérêts privés des tiers engagés de bonne foi dans l'affaire.

L'HISTOIRE

C'est à l'aide de documents officiels que nous chercherons à établir la vérité sur tous les faits qui se sont successivement déroulés depuis le jour où, pour la première fois, il a été question, à Lourdes, de la reconstruction de l'église paroissiale.

C'est d'abord dans le registre des délibérations du Conseil municipal que nous puiserons ces documents, en suivant un ordre chronologique.

Premier point : La nouvelle église est-elle l'œuvre de Mgr Peyramale, celle de la commune ou celle de la Fabrique ?

Les faits répondront pour nous.

SÉANCE DU 5 SEPTEMBRE 1871. — « M. le Maire expose au Conseil *la nécessité de rebâtir* » *l'église de Lourdes*, qui a été construite pour une population de 1,500 à 2,000 âmes et qui

» est *reconnue par tout le monde insuffisante pour les besoins du culte*. L'état de nudité, de
» délabrement de notre église, son développement ne sont pas dignes, dit-il, de *la première*
» *ville* de la chrétienté, visitée par une affluence considérable d'étrangers qui viennent de
» tous les coins du monde, et qui manifestent chaque jour le désir de donner leur offrande
» pour l'érection d'une église monumentale à Lourdes.

» Dans des termes élevés et touchants, M. le Maire parle de l'honorable curé de
» Lourdes, de ses désirs, de ses espérances pour arriver à construire la nouvelle église.

» Le choix de l'emplacement étant un des côtés les plus sérieux de la question, il fait
» ressortir les désavantages qu'il trouverait à rebâtir sur l'emplacement actuel au point
» de vue des intérêts de la ville et des dépenses à faire. Le local qui, d'après lui, présen-
» terait les meilleures conditions serait le jardin Cénac avec achat des terrains pour y
» aboutir. »

Et M. le Maire termine son exposé en disant :

« Dans l'état de la situation financière de la commune, en présence de ses ressources
» normales, il y aurait folie, de la part de la ville, de s'engager dans les dépenses
» qu'entraînerait la construction d'une *grande église;* MAIS IL FONDE TOUTES SES ESPÉRANCES
» SUR L'ESPRIT DE CHARITÉ QU'A SU TOUJOURS INSPIRER NOTRE VÉNÉRABLE PASTEUR. »

Après discussion sur la proposition de M. le Maire, en fin de séance, il fut nommé
une Commission de neuf membres *pour étudier le projet de reconstruction de l'église.*

Que conclure de cette première séance du Conseil municipal où il soit question de la
reconstruction de l'église paroissiale?

Sinon que la Municipalité, étant donnés l'état de délabrement de la vieille église et
son insuffisance reconnue par tous, *est convaincue de la nécessité de construire* UNE ÉGLISE
MONUMENTALE, plus en rapport avec la population actuelle de Lourdes et répondant mieux
aux besoins du Culte;

Que, néanmoins, *il y aurait folie* pour elle de s'engager SEULE dans les dépenses qu'entraînerait *la construction* D'UNE GRANDE ÉGLISE; mais *qu'elle* COMPTAIT SUR LE PRÉCIEUX
CONCOURS DE Mgr PEYRAMALE; « *elle fondait toutes ses espérances sur l'esprit de charité qu'a su*
toujours inspirer le vénérable pasteur de la commune, » pour arriver à la réalisation de ses désirs.

Ce n'est donc point, comme le veut laisser entendre la Légende, Mgr Peyramale qui
veut reconstruire *son église* (?) avec le concours de la commune, *c'est celle-ci qui prend* L'INI-
TIATIVE *de cette reconstruction* EN COMPTANT SUR L'APPUI DE Mgr PEYRAMALE.

Dès ce jour, en effet, apparaît le rôle que jouera le vénérable Curé de Lourdes dans
cette affaire municipo-religieuse : il sera l'instrument dont le Conseil municipal se servira
pour obtenir les secours dont on a besoin pour arriver à la réalisation du projet. On conçoit

aisément qu'un appel à la charité et à la bourse des pèlerins, lancé par Mgr Peyramale, aura de meilleurs et de plus fructueux résultats que si la commune conservait officiellement la direction de l'œuvre.

On laissera donc à Mgr Peyramale, au moment psychologique, tout le fardeau de l'entreprise.

Mais, le 5 septembre 1871 — c'est là ce qu'il importe de retenir — *c'est M. le Maire de Lourdes, au nom de la Municipalité qui, de sa propre initiative*, PROPOSE LA RECONSTRUCTION DE L'ÉGLISE et déclare que, sur l'emplacement de l'église actuelle, *les dépenses seraient trop grandes et que, d'après lui*, c'est le terrain Cénac qui présenterait les meilleures conditions pour recevoir le nouvel édifice.

Qu'importait-il, d'ailleurs, à M. le Maire que *les dépenses fussent grandes* sur l'emplacement de l'église actuelle si, *suivant la légende*, la reconstruction de l'église devait être l'œuvre personnelle de Mgr Peyramale !

Le registre des délibérations est muet sur le résultat du travail de la commission nommée dans la séance du 5 septembre 1871, nulle part il n'en est fait mention.

L'examen de cette affaire ne fut, d'ailleurs, repris que plus d'une année après, dans la SÉANCE DU 10 NOVEMBRE 1872.

Dans cette séance : « M. le Maire expose au Conseil qu'il croit le moment venu de » s'occuper *sérieusement* de la construction d'une église ; *celle qui existe*, dit-il, *est insuffisante* » et ne répond plus sur aucun point ni aux besoins du Culte, *ni aux désirs qu'éprouvent tous les* » *habitants de la Cité de posséder*, au cœur de la ville, un monument religieux digne de recevoir » le monde catholique qui se rend en foule à la Grotte de Lourdes.

» Il entre dans toutes les considérations qui doivent déterminer le Conseil à voter le » plus tôt possible la construction d'une nouvelle église. Il cite le terrain Cénac et l'empla- » cement actuel qui paraîtraient les plus convenables pour édifier l'église, et il demande au » Conseil de vouloir étudier ces emplacements ou bien d'en rechercher d'autres.

» Avant de se prononcer sur cette importante question, *le Conseil manifeste le désir d'en-* » *tendre M. le Curé de Lourdes* AFIN DE CONNAITRE LES RESSOURCES DONT IL POURRAIT » EXACTEMENT DISPOSER ; la ville ne pouvant faire de grands sacrifices, le Conseil désire être » fixé sur ce point. »

M. le Maire, comprenant ces scrupules, annonça qu'il se rendrait auprès de Mgr Peyramale pour le prier de vouloir se rendre à la prochaine séance du Conseil.

Comme on peut en juger, dans cette seconde séance, M. le Maire réédite son exposé du 5 septembre, et le Conseil, comme à cette date, subordonne l'exécution de l'œuvre projetée à *l'importance du concours que lui prêtera Mgr Peyramale.*

Une autre observation peut également être faite : c'est que, si, dans la pensée du Conseil, c'était Mgr Peyramale qui dût édifier la nouvelle église A SES FRAIS, SOUS SA SEULE RESPONSABILITÉ, *avec le secours de la ville*, point n'était besoin, pour le Conseil, de tant s'inquiéter des ressources dont pouvait disposer le vénérable Curé.

SÉANCE DU 11 NOVEMBRE 1872. — « M. le Maire fait connaître au Conseil qu'il s'est » rendu auprès de Mgr Peyramale, mais que M. le Curé, indisposé, prie le Conseil de vou-» loir l'excuser de ne pouvoir répondre à son invitation.

» M. le Maire informe ensuite le Conseil *qu'un plan de la nouvelle église lui sera présenté* » *par M. le Curé* et il expose de nouveau la nécessité de bâtir cette église POUR SATISFAIRE » A TOUS LES BESOINS DU CULTE.

» Un membre se prononce contre tout projet de construction, disant que l'église » actuelle est suffisante pour les besoins de la localité ; et il ajoute que la ville de Lourdes » n'est pas en position de faire une dépense qui pourrait compromettre son avenir » financier.

» Un autre membre soutient une opinion tout à fait contraire, et il croit que, *dans* » *l'intérêt de la ville, la construction demandée* EST UNE NÉCESSITÉ. »

Comme on le voit, Mgr Peyramale entre peu à peu dans l'affaire, il y prend place ; mais les choses ne marchant pas assez vite à son gré, c'est lui qui va *présenter* un plan de la nouvelle église. Il se conçoit aisément, d'ailleurs, qu'il présente ce plan puisque, dans la pensée même du Conseil, c'est le Curé qui doit procurer la majeure partie des fonds nécessaires ; c'était bien le moins qu'on lui laissât le choix du plan, comme plus tard, aussi, on tint grand compte de son avis sur le choix de l'emplacement.

Mais pourquoi, encore une fois, dans cette séance, le Conseil manifeste-t-il cette crainte « *de compromettre l'avenir financier de la commune* » si, *selon la légende*, c'est Mgr Peyramale qui, SEUL, doit construire la nouvelle église?

SÉANCE DU 29 DÉCEMBRE 1872. — « M. le Maire propose au Conseil de s'occuper du » choix d'un emplacement *pour la construction de la nouvelle église*. Il fait connaître les me-» sures de superficie du terrain Cénac et de l'emplacement sur lequel se trouve l'église » actuelle. D'après les relevés produits, *le terrain Cénac est le seul qui serait assez spacieux* » *pour construire une église* DE 58 MÈTRES DE LONGUEUR que comporte le plan qui a été soumis » au Conseil. Le terrain où se trouve bâtie l'église actuelle ne pourrait fournir que » 48 *mètres*.

» Quant au prix du terrain Cénac, il a été demandé 10 fr. du mètre carré, plus l'aban-» don, par la ville, d'une lisière des carrières d'ardoises dont la famille Cénac est jouissante.

» Plusieurs membres discutent la question des terrains.

» Un membre demande à M. le Maire de scinder les questions et de porter d'abord la
» question de principe de la construction de l'église.

» La question ainsi posée étant admise, le Conseil est appelé à se prononcer sur la
» proposition suivante :

» LE CONSEIL EST-IL D'AVIS QU'IL EST NÉCESSAIRE DE CONSTRUIRE A LOURDES UNE ÉGLISE
» PLUS SPACIEUSE QUE L'ÉGLISE ACTUELLE ?

» A la majorité DE 17 VOIX CONTRE UNE la proposition ci-dessus votée *est adoptée* par le
» Conseil. »

Ainsi, c'est bien le Conseil municipal qui, de sa propre initiative, vote et décide en
principe « QU'IL EST NÉCESSAIRE DE CONSTRUIRE A LOURDES UNE ÉGLISE PLUS SPACIEUSE QUE
» L'ÉGLISE ACTUELLE » ET CE, A LA MAJORITÉ DE **dix-sept** VOIX CONTRE **une.**

D'autre part, si nous avons reproduit *in-extenso* cette délibération, c'est pour en faire
ressortir deux points importants :

Le premier : c'est que, jusqu'ici, le Conseil municipal poursuit l'étude de l'affaire selon
les règles tracées par les règlements administratifs sur la matière : 1° *Décision de principe
sur la nécessité de reconstruire l'église,* 2° *Choix de l'emplacement.*

Le deuxième : c'est que, dès à cette époque, 29 décembre 1872, *le plan présenté à
l'examen du Conseil comportait la construction d'une église de* 58 MÈTRES DE LONGUEUR, alors que
celle actuellement en cours d'exécution n'a qu'une longueur de 57 MÈTRES 345, *intérieurement.*

SÉANCE DU 8 AVRIL 1873. — « M. le Maire rend compte de ses études sur divers terrains
» où l'on pourrait édifier la nouvelle église...

» L'emplacement Cénac nécessiterait une dépense de 108.000 francs à répartir entre
» divers, non compris une carrière d'ardoises que M. Cénac demande à la Ville pour
» conclure la vente de son jardin...

» Pour l'emplacement actuel de l'église, M. le Maire n'a pu obtenir du sieur Balette
» Lannigrand une promesse de vente du terrain qui pourrait être nécessaire pour la
» construction de la nouvelle église, M. Nicoleau offre de livrer 200 mètres de terrain de
» son jardin moyennant le prix de 12.000 francs... »

A une critique concernant les dimensions de l'église projetée, « plusieurs membres
» persistent à réclamer un mètre carré pour deux habitants. *Ils demandent aussi que la
» longueur de l'église soit de* 58 MÈTRES, en vue de l'avenir et de l'importance religieuse de la
» ville de Lourdes. »

C'est donc bien toujours la municipalité qui, administrativement et très correctement,
conserve la direction de l'affaire, c'est M. LE MAIRE QUI, PERSONNELLEMENT, ENTRE EN

POURPARLERS AVEC LES PROPRIÉTAIRES DES DIFFÉRENTS TERRAINS. Pour l'instant il n'est plus question de Mgr Peyramale, c'est le Conseil, sur l'invitation de l'administration, qui étudie les diverses propositions relatives au choix de l'emplacement.

Dans LA SÉANCE DU 14 JUIN 1873, le Conseil est appelé de nouveau à se prononcer sur cette question du terrain.

M. le Maire déclare : « qu'il renonce, pour sa part, à l'achat du terrain Cénac à raison des prix élevés des immeubles à acquérir et il propose d'édifier la nouvelle église sur le terrain de l'église actuelle en prenant la Mairie et en achetant le jardin Nicoleau Harriaca. »

Là encore, et nous ne cesserons de le répéter jusqu'à la fin : pourquoi M. le Maire croit-il devoir renoncer, *pour sa part*, à l'achat des terrains Cénac, pourquoi ces continuelles préoccupations sur le prix élevé des terrains *à acquérir* PAR LA VILLE si la construction de la nouvelle église — selon la Légende — était l'œuvre personnelle de Mgr Peyramale ?

Pourquoi cette proposition de *démolition de l'ancienne église et de la Mairie*, pour l'édification de l'église nouvelle sur leur emplacement si, dans la pensée de la Municipalité, cette reconstruction *n'était pas une œuvre purement communale ?*

Dans LA SÉANCE DU 17 JUIN 1873, c'est toujours la même question qui revient à l'ordre du jour : « M. le Maire demande au Conseil de vouloir désigner l'emplacement de son choix » pour la construction de la nouvelle église.

» Il expose sommairement les avantages et les inconvénients des divers terrains dont » il a été plusieurs fois question pour l'édification de ladite église. *En présence du prix excessif* » *demandé des divers immeubles pour la construction de l'église au jardin Cénac, il renonce, pour sa part* » *à ce projet.*

» Quant à l'emplacement de l'église sur le terrain actuel (2e projet) il le trouve » insuffisant dans sa longueur. Il propose en conséquence (3e projet) *d'acheter le terrain* » *Nicoleau pour une somme de 12.000 francs.* A cette première dépense *il y aurait à ajouter l'achat* » *d'une maison évaluée 40.000 francs, soit en tout 52.000 francs.*

» Un 4e projet reste à examiner, dit M. le Maire, c'est la construction de l'église sur » la place du Champ-Commun ; mais il y voit de si nombreux inconvénients qu'il ne croit pas » devoir s'arrêter à l'examen de ce terrain dont il a été à peine question dans les précédentes » séances. »

Après avoir entendu les observations de plusieurs membres, observations portant principalement sur la nécessité de restreindre le plan de l'église et sur l'importance de la dépense que nécessiterait l'achat des terrains, *dépense beaucoup trop considérable pour les* *finances de la Ville,* » ajoutent quelques membres,

« M. le Maire fait observer au Conseil que la discussion touchant la construction de la
» nouvelle église *traîne depuis trop longtemps* et il prie le Conseil de vouloir délibérer, bien
» persuadé que chacun a son opinion faite. »

Les quatre projets présentés furent successivement mis aux voix ; et, contrairement
aux appréciations de M. le Maire,

« *Le projet du Champ-Commun, ayant seul réuni la majorité, est admis par le Conseil.* »

Ainsi, durant *plus de deux années,* l'administration et le Conseil municipal ont poursuivi,
sans relâche, leurs études sur le projet de reconstruction de l'église paroissiale ; ils discutent
longuement sur l'opportunité de cette reconstruction, *qu'ils décident par 17 voix contre une*
dans la séance du *29 décembre 1872 ;* et, à la date du *17 juin 1873, la majorité du Conseil fait
choix du Champ-Commun* comme emplacement pour l'édification du monument communal.

Jusqu'ici, nulle part n'apparaît *autrement que par la communication d'un plan,* l'intervention,
même officieuse, de Mgr Peyramale, et il semble même ressortir, de l'examen des faits, que
ce soit contrairement à un vœu qu'aurait précédemment exprimé le vénérable curé qu'il fut
fait choix du Champ-Commun.

Nous ne pouvons donc, là encore, nous défendre de cette réflexion : si Mgr Peyramale
était bien le Maître de l'œuvre, si la Commune n'était qu'un simple souscripteur à cette œuvre,
pourquoi était-il besoin, pour le Conseil municipal, de discuter si minutieusement tous les
détails de l'affaire ?

Pourquoi cette proposition de restreindre le plan de l'église, pourquoi craindre que
l'achat des terrains nécessite *une dépense beaucoup trop considérable pour les finances de la Ville,*
pourquoi, enfin, ne pas faire choix du terrain Cénac qui semblait avoir reçu l'agrément de
Mgr Peyramale ?

C'est que la reconstruction de l'église était bien UNE ŒUVRE MUNICIPALE, une œuvre D'UTILITÉ
COMMUNALE, quoi qu'en ait pu dire la Légende, et c'est toujours ainsi que l'ont compris les
édiles Lourdais !

Quoi qu'il en soit, à cette date du 17 juin 1873, le Conseil a voté en principe la
reconstruction de l'église, il a fait choix de l'emplacement, et il semblait qu'il n'y eût plus,
pour la Commune, qu'à mettre à exécution les délibérations du Conseil.

Il n'en fut rien et, pendant près d'une année, aucune suite ne fut donnée à l'affaire.

Dans la SÉANCE DU 19 AVRIL 1874, le projet entre dans une nouvelle phase :

C'est à partir de cette date que le Conseil municipal va, peu à peu, jouer un rôle
effacé, en attribuant soit à Mgr Langénieux, soit au curé de Lourdes, à l'encontre de toutes
les règles administratives, dans un simple intérêt budgétaire, la direction et l'exécution de
l'œuvre, la centralisation et la disposition des ressources.

Dans cette séance, en effet, « M. le Maire expose à nouveau la nécessité de construire
» le plus tôt possible la nouvelle église; *il fait connaître à quelles conditions on pourrait acquérir*
» *le jardin Cénac* et **les avantages qu'il y aurait pour la ville à laisser traiter**
» **directement M. le Curé de Lourdes** AVEC LES DIVERS PROPRIÉTAIRES QUI AURAIENT
» DU TERRAIN A CÉDER POUR LA CONSTRUCTION DE L'ÉGLISE.

» Il propose en conséquence *de voter* POUR ACHAT DE TERRAIN *une somme de cent mille*
» *francs* et de céder selon la demande de M. Cénac une bande rocheuse attenant à sa carrière
» du Jer-Maijou. »

« Après discussion et sur la demande de plusieurs membres, le Conseil procède à la
» nomination *d'une commission d'étude de sept membres* CHARGÉE DE S'ENTENDRE AVEC M. LE
» Curé et d'examiner le terrain Cénac. »

Ainsi M. le Maire, expose au Conseil QU'IL SERA AVANTAGEUX POUR LA VILLE *de rester*
dans la coulisse, pour ainsi parler, et le Conseil le suit dans cette voie en désignant une
Commission *chargée* DE S'ENTENDRE AVEC M. LE CURÉ A CES FINS.

Et ce sera désormais toujours la même tactique: œuvre municipale au regard de
l'autorité supérieure, œuvre personnelle de Mgr Peyramale pour les Lourdais et les étrangers
qui, chaque année, arrivent en foule considérable à Lourdes.

Dans LA SÉANCE DU 21 JUIN 1874, la Commission des Sept, dont nous venons de
parler, en appliquant *la combinaison proposée par M. le Maire*, expose, par l'organe de son
rapporteur, M. Cousté :

« Que la Commission chargée d'examiner le projet de construction de la nouvelle
» église, *suivant les plans présentés*, les a étudiés avec le plus grand soin. *La reconstruction de*
» *l'église ayant été votée par le Conseil dans la séance du 29 décembre 1872*, c'est la question du
» choix de l'emplacement pour bâtir ladite église qui a été l'objet d'un examen approfondi.

» Le terrain Cénac qui a été désigné *comme répondant le mieux au choix de Mgr Peyramale*
» ne saurait rester sans inconvénients... la Commission a néanmoins décidé de vous
» proposer d'accepter le terrain Cénac.

« Quant *aux ressources que devra créer le vénérable curé de Lourdes*, la Commission est
» d'avis qu'avec sa haute influence, et son nom connu et vénéré de l'univers catholique,
» *il mènera à bonne fin* L'OEUVRE QUE LA VILLE DE LOURDES A UN PRESSANT ET GRAND
» INTÉRÊT A VOIR EXÉCUTER LE PLUS TOT POSSIBLE. »

Et la Commission concluait :

» *Vu* LES AVANTAGES IMMENSES QUE DOIT RETIRER LA VILLE DE LOURDES DE LA
» CONSTRUCTION D'UNE ÉGLISE MONUMENTALE appelée à être le point de halte du monde
» catholique venant visiter le sanctuaire de la Grotte, la Commission à la majorité

» propose *en faveur de Mgr Langénieux, évêque de Tarbes*, la somme de cent mille francs, de
» plus, de faire la cession à M. Cénac d'un banc d'ardoises dans une carrière communale
» dont il a l'exploitation jusqu'à épuisement, à la charge par Mgr Langénieux et M. le Curé
» de Lourdes de faire exécuter l'église projetée conformément aux plans dont il a été
» donné communication au Conseil municipal. »

Un membre rappelle au Conseil qu'il a déjà fait choix de l'emplacement du Champ-
Commun et critique le terrain Cénac : la première condition, dit-il, pour l'établissement
» D'UNE GRANDE ÉGLISE, » c'est qu'elle soit complètement dégagée des constructions
environnantes.

Un autre membre fait observer : « que M. le Curé de Lourdes doit se procurer **cinq à**
» **six cent mille francs** (5 à 600,000 fr.) pour la construction de l'église et qu'on ne
» saurait lui refuser dans cette circonstance le terrain de son choix. »

C'était bien le moins qu'on écoutât son avis !

Le Conseil rapporte ensuite, à l'unanimité moins trois voix, la délibération faisant
choix du Champ-Commun et prend la décision suivante :

« A la majorité de *dix voix contre sept*, et au scrutin secret, qu'*il y a lieu de construire*
» UNE NOUVELLE ÉGLISE SUIVANT LES PLANS PRÉSENTÉS PAR Mgr DE TARBES et sur l'empla-
» cement choisi *par Lui* dans le jardin de M. Cénac, *moyennant* LE DON A MONSEIGNEUR
» *d'une somme* DE CENT MILLE FRANCS et la cession à M. Cénac de la jouissance d'un banc
» d'ardoises dans une carrière communale dont il a l'exploitation jusqu'à épuisement. »

Dans cette séance, le côté religieux de l'affaire s'accentue, ce n'est même plus à
M. le Curé de Lourdes que la Commission attribue la direction de l'œuvre, c'est en faveur (?)
de Mgr Langénieux qu'elle propose de voter une somme de cent mille francs, à la charge
par Sa Grandeur et M. le Curé de Lourdes de faire construire l'église.

Bien que M. le Curé de Lourdes soit ainsi placé au second plan, on n'en compte pas
moins sur lui pour « *mener à bonne fin l'œuvre que la Ville a un pressant et grand intérêt à voir*
exécuter le plus tôt possible. »

Il faut encore retenir de cette séance qu'il s'agissait toujours de la construction « D'UNE
» GRANDE ÉGLISE MONUMENTALE » *dont les plans avaient été remis par Mgr Langénieux* — on a
voulu dire Mgr Peyramale — et DONT LA DÉPENSE DE CONSTRUCTION DEVAIT S'ÉLEVER A LA
SOMME DE 800,000 fr. qui, d'après le Conseil, serait fournie à concurrence de 5 à 600,000 fr.
par Mgr Peyramale, de 100,000 fr. par la commune, et, pour le surplus, par une
subvention de l'État.

A cette époque, d'ailleurs, ces prévisions n'avaient rien d'invraisemblable, tant était
grand l'enthousiasme des diverses administrations civiles et religieuses, comme aussi celui
des habitants de la ville de Lourdes.

Le 5 septembre 1874, on rentre dans la voie administrative.

Dans la séance en date de ce jour, « M. le Maire donne lecture au Conseil d'un
» procès-verbal d'enquête *de commodo et incommodo* dressé par M. Baget, commissaire-
» enquêteur délégué par arrêté préfectoral, duquel il résulte qu'*aucune observation n'a été
» faite contre le projet de construction d'une nouvelle église sur l'emplacement du jardin Cénac,*
» délibéré par le Conseil dans la séance du 21 juin.

» D'où cette conclusion du commissaire-enquêteur qu'il y a lieu de passer outre à
» l'exécution du projet conformément à la délibération objet de l'enquête.

» M. le Maire ajoute que cette situation étant donnée, le Conseil n'avait rien à dicter,
» mais seulement *à constater ce fait résultant* d'une enquête légale *parfaitement régulière* et à
» maintenir sa précédente délibération.

» Le Conseil municipal, faisant droit à la demande de M. le Maire, *maintient* à l'una-
» nimité, *et dans son entier, la délibération du 21 juin 1874,* objet de l'enquête, et *prie M. le
» Préfet de l'approuver.* »

Il importe de remarquer ici que, si le Conseil municipal a consenti à s'effacer, au
regard du public, en plaçant Mgr Langénieux ou M. le Curé de Lourdes (ce qui est tout un)
à la tête de l'œuvre, il n'en poursuit pas moins administrativement la réalisation, au regard
de l'autorité supérieure, conformément aux lois et règlements sur les acquisitions ou aliéna-
tions d'immeubles par les communes.

Comme il s'agissait, dans l'espèce, pour la commune, afin de donner suite à sa délibération précitée, d'acquérir le jardin Cénac et d'aliéner la jouissance d'un immeuble communal, il fallait bien soumettre le projet à une enquête de commodo et incommodo.

L'accomplissement de cette formalité démontre bien le caractère communal de l'entreprise : s'il
n'avait été question que d'une œuvre privée, d'une acquisition à faire en vue d'une construction par un particulier — et Mgr Peyramale, bien que Curé de Lourdes, n'était qu'un
simple particulier — on n'aurait pas songé à une information administrative qui n'eût eu
dans ce cas aucune raison d'être.

Les formalités préliminaires étant ainsi remplies, les bases du projet posées et les rôles
distribués de la sorte, va-t-on enfin commencer l'exécution de l'entreprise?

L'équivoque de la situation amène des hésitations et la question est remise en débat.

Dans la Session d'avril 1874, une nouvelle commission d'étude est nommée, et, dans
la séance du 9 de ce mois, la Commission donne lecture de son rapport.

La question de principe y est examinée à nouveau, elle est ainsi nettement posée par
le rapporteur :

« La ville a-t-elle besoin d'une église?

» *Doit-elle profiter du précieux concours de Mgr Peyramale pour son érection?*

» Doit-elle contribuer à l'édification de cette église ?

. » Il démontre ensuite l'insuffisance de l'église actuelle et la nécessité absolue dans un
» délai peu éloigné de la reconstruire. Il démontre combien *le concours et l'appui* de M. le Curé
» *étaient indispensables à la ville pour l'exécution d'un travail aussi coûteux;* il démontre, enfin,
» qu'il était *de sa dignité* de contribuer à l'édification d'un monument aussi utile et aussi
» important; qu'il était *de son intérêt* d'y participer pour une somme de 100,000 fr.,
» somme relativement faible en face de celle à dépenser. »

Et la Commission conclut, en demandant au Conseil de donner un avis favorable à la
cession au profit de M. Cénac d'un banc de schiste attenant à la carrière qu'il exploite et de
voter l'allocation d'une somme de 100,000 fr. pour la construction de la nouvelle église,
cette somme à réaliser au moyen de la vente d'une partie des biens communaux; elle émet
en outre le vœu « que M. le Curé et M. le Maire de Lourdes usent de toute leur influence
» pour amener M. Cénac à céder DEUX MÈTRES *de terrain de plus sur toute la longueur de son*
» *jardin afin que le passage à la hauteur du transept ait une largeur de* CINQ MÈTRES. »

Après discussion, M. le Maire ayant refusé de mettre aux voix l'aliénation d'une partie
des biens communaux, le Conseil décide, à la majorité, qu'on ne se prononcerait sur le rapport que lorsqu'on pourrait délibérer sur les voies et moyens.

Il convient de noter ici le vœu exprimé par la Commission *de porter* DE 3 MÈTRES A
5 MÈTRES *le passage à la hauteur du transept sur le terrain Cénac.*

Ce vœu est, en effet, la preuve que l'examen du Conseil municipal continuait de porter
sur le plan soumis à ses délibérations le 29 décembre 1872, c'est-à-dire sur le plan *d'une église de*
58 MÈTRES *de longueur, laissant un passage de* 3 MÈTRES *au transept vers le terrain Cénac.*

Et *ce plan* EST BIEN CELUI MIS A EXÉCUTION, ainsi qu'il est facile de s'en convaincre en
mesurant, *sur place*, la longueur du passage en question, qui *n'est bien que de* 3 MÈTRES;
M. Cénac, malgré les démarches de Mgr Peyramale, n'ayant pas consenti à céder *la bande
de terrain de* 2 MÈTRES demandée par le Conseil municipal.

Dans LA SÉANCE DU 19 JUIN 1874, le Conseil approuve la vente des biens communaux.

Les voies et moyens étant arrêtés, le Conseil, après quatre années d'examen, va enfin
prendre une décision définitive.

Dans la SÉANCE DU 7 JUILLET 1875, « M. le Maire propose de voter *les conclusions du*
» *rapport de la commission*, consignées au registre des délibérations à la date du 9 avril 1875.

» Un membre critique la vente des biens communaux.....

» M. Duffau *exprime la crainte que M. le Curé* NE PUISSE TERMINER L'ŒUVRE ENTREPRISE
» *et que* LA DÉPENSE ENGAGÉE NE RETOMBE SUR LA VILLE, ainsi que cela s'est vu à Argelès.

» M. le Maire réplique que *cette œuvre trouvera toujours dans le successeur de M. le Curé un* » *continuateur avec les mêmes ressources assurées provenant de la catholicité tout entière.* »

Le Conseil, tout en ayant conscience de la lourde responsabilité qu'il assume, *ne s'arrête cependant pas un seul instant aux observations présentées par M. Duffau,* il n'éprouve *aucune crainte* sur le résultat final de l'œuvre qu'il entreprend et, sur la proposition de M. Lapeyre et de plusieurs membres,

« Les conclusions du rapport sont adoptées à la majorité, savoir : *abandon du banc,* » *allocation de cent mille francs à M. le Curé,* sauf à arrêter ultérieurement le mode et l'époque » des paiements. »

Ainsi prenait fin la longue période de gestation de l'œuvre au Conseil municipal de Lourdes.

Il ressort de tout ce qui précède que, si le Conseil municipal *s'est ingénié à dégager la responsabilité de la Commune* en la tenant au second plan et en laissant le premier rôle et la direction de l'œuvre à Mgr Peyramale, *c'est lui néanmoins qui a pris* l'initiative *de l'érection de la nouvelle église* et a voté, en principe, la nécessité de sa reconstruction (délibérations du 5 septembre 1871 — 10 novembre et 24 décembre 1872); qu'il en a choisi l'emplacement (délibérations des 19 avril et 21 juin 1874 — 2 et 9 avril 1875 — 19 juin et 7 juillet 1875).

Plus tard il approuvera les plans (séance du 24 avril 1870) et il sollicitera les secours de l'État (3 mai — 9 août 1876 — 1er avril — 3 et 5 août 1877) *en déclarant dans ses délibérations* que la commune profitera seule de l'œuvre projetée et que la propriété de la nouvelle église appartiendra a la commune.

De cet exposé il résulte encore :

Que les plans soumis à l'examen du Conseil municipal *comportaient l'édification d'une église* de 58 mètres de longueur dont *la dépense de construction était prévue devoir s'élever à environ* 800,000 francs; que c'est sur ce projet que n'ont point cessé de porter l'examen et la discussion du Conseil, et ce, *dans le temps où Mgr Langénieux était évêque de Tarbes.*

Intervention de la Fabrique.

Jusqu'ici, la Fabrique de l'église paroissiale n'était pas intervenue officiellement dans l'affaire, bien que, d'après les lois et règlements administratifs, la reconstruction comme les grosses réparations des édifices communaux consacrés au culte, soient principalement à la charge des fabriques et n'incombent aux communes que subsidiairement, en cas d'insuffisance dûment justifiée des ressources des fabriques.

Pour procéder régulièrement, il eût fallu que la Fabrique prît l'initiative du projet et le soumit à l'approbation du Conseil municipal, en lui demandant au besoin sa participation à la dépense.

Par une étrange interversion des rôles, c'est le contraire qui s'est produit à Lourdes : le Conseil municipal a pris les devants et directement engagé l'affaire.

Aussi, la Fabrique s'est-elle bornée à ratifier ce qui avait été fait par le Conseil, mais, afin d'imprimer à l'œuvre le caractère religieux que tout le monde, par calcul, voulait lui donner, elle en a pris la direction extérieure.

Et, dans ce but, le Conseil de fabrique prenait, le 18 juillet 1875, la délibération ci-après qui plaçait Mgr Peyramale à la tête de l'entreprise :

« L'an mil huit cent soixante-quinze, et le dix-huit juillet, à quatre heures de l'après-
» midi.

» Le Conseil de fabrique de l'église de Lourdes s'est réuni en séance extraordinaire
» en vertu de l'autorisation de Mgr Jourdan, évêque de Tarbes, du dix-sept courant, au
» lieu ordinaire de ses séances sous la présidence de M. Larrieu, maire.

» Étaient présents : Mgr Peyramale, curé de Lourdes, et MM. Lavigne, Capdevielle et
Lacadé.

» La séance ouverte, M. le Président a exposé au Conseil qu'il était réuni pour
délibérer *sur les affaires relatives au projet de construction d'une église.*

» Après discussion et examen approfondi, le Conseil a délibéré, qu'*il donne, par ces*
» *présentes, à Mgr Peyramale tout mandat nécessaire soit pour accepter tous dons, legs qui seront faits*
» *à la fabrique* POUR LA CONSTRUCTION DE LADITE ÉGLISE, *soit pour acquérir, au nom de la*
» *Fabrique, les terrains nécessaires à ladite construction, à ses dépendances et dégagements, le tout aux*
» *prix, charges, clauses et conditions qu'il plaira à Mgr Peyramale, déclarant qu'il s'en rapporte*
» *entièrement à lui.*

» *Le Conseil* L'AUTORISE AUSSI A PASSER *tous actes d'acquisitions,* TOUS TRAITÉS AVEC TOUS
» ENTREPRENEURS, *fournisseurs, ouvriers, architectes, et à faire exécuter tout ou partie des travaux*
» EN RÉGIE *ou par* ADJUDICATION.

» N'ayant plus rien à soumettre au Conseil, M. le Président a levé la séance et les
» délibérants ont signé.

» Larrieu, — Ch. Lacadé, — J. Lavigne, — Capdevielle et Peyramale curé (signés).

» VU ET APPROUVÉ :

» Tarbes, le 20 juillet 1875.   *Signé :* † C...., évêque de Tarbes. »

Et *la Légende* AFFIRME *que la Fabrique n'est* JAMAIS INTERVENUE *dans l'affaire !*

Passons ! Cette délibération APPROUVÉE *par* Mgr DE TARBES n'a pas besoin de commentaires.

Plus loin, d'ailleurs, la Fabrique interviendra de nouveau.

La Bénédiction et la Pose de la première pierre de la nouvelle Église.

C'est le mercredi 28 JUILLET 1875 qu'il fut procédé à la Bénédiction et à la pose de la première pierre de la nouvelle église paroissiale *par* Mgr JOURDAN, *évêque de Tarbes.*

Disons d'abord qu'il s'agissait de la pose d'une pseudo-première pierre, puisque l'entrepreneur Bourgeois ne traitait avec le mandataire de la Fabrique que *le 16 septembre 1875*, et que les travaux ne furent commencés que quelques jours après la signature de ce traité.

Mgr Peyramale, qui avait pris en mains l'affaire, avait voulu profiter de la présence à Lourdes de nombreux pèlerins pour appuyer d'une solennelle démonstration, l'appel qu'il allait adresser au monde catholique, à l'effet de l'associer par ses dons à l'œuvre entreprise par la commune et la Fabrique de Lourdes.

L'auteur du projet de l'église, M. Ed. Delebarre de Bay, architecte à Paris, pour donner satisfaction au désir exprimé par Mgr Peyramale, *avait fait tracer sur le sol du Jardin Cénac,* au moyen de planches posées à plat, *toutes les lignes du plan adopté;* donnant ainsi une appréciation *exacte* de ce que seraient *les proportions de l'édifice :* chœur, nefs, chapelles et porche, rien n'avait été omis.

Disons encore que la première pierre provisoire fut taillée et posée par Cazaux-Troubat, carrier à Lourdes.

Enfin, pour montrer avec quel ensemble et quel unanime accord marchaient, autorités civile et religieuse et population, dans la voie d'enthousiasme tracée par le Conseil municipal, nous reproduisons ici les passages d'une brochure où il est rendu compte de la cérémonie.

« *L'urgente nécessité d'une nouvelle église était dans toutes les bouches.* Le vigilant Pasteur fit
» entendre sa voix toujours écoutée; à sa parole, *tout s'ébranla :* PAROISSIENS ET ÉTRANGERS,
» ADMINISTRATION CIVILE ET AUTORITÉ DIOCÉSAINE, TOUS S'UNISSENT DANS UN EFFORT COMMUN.
» Malgré des obstacles divers, après des tiraillements inévitables dans de semblables entre-
» prises, *les difficultés furent aplanies, le plan arrêté, le lieu choisi et acquis.*

» Le 28 juillet était le jour fixé pour la pose et la bénédiction de la première pierre du
» nouveau monument.

» La veille, à voir le pieux empressement de la population pour préparer l'ornementation
» extérieure de la vieille église et des rues, il était facile de présager que rien ne serait
» épargné pour assurer à cette fête le cachet de grâce et de grandeur que revêtent ici toutes
» les manifestations de la piété catholique......

» Le matin du 28, le soleil se leva radieux dans un ciel sans nuage.....

3

» A une heure la procession sortait de l'Église pour se rendre sur le terrain où devait
» se bénir la première pierre.....

» Nous retrouvons là, dans toute la force et tout l'éclat de leur vie publique, ces
» nobles institutions locales, ces sociétés qui fonctionnent depuis des siècles et qui n'ont
» jamais perdu le nom de « Confréries » qui fait leur gloire et explique leur indestructible
» vitalité. Les voilà bien, avec leurs croix, leurs bannières et leurs insignes; la Confrérie
» de N. D. des Grâces, qui se compose *des laboureurs;* celle de N. D. du Mont-Carmel,
» *d'ardoisiers;* celle de N. D. de Monsarrat, *de maçons;* celle de Sainte-Luce, *de tailleurs d'habits*
» *et de couturières;* celle de l'Ascension, *de carriers;* celle du Saint-Sacrement, *des marguilliers;*
» celles de Saint-Jean et de Saint-Jacques, *de tous ceux qui ont reçu l'un ou l'autre de ces noms*
» *de baptême.*

« Venaient ensuite les Associations des femmes.....

» A la suite des confréries, marchaient sur deux longues files, environ *deux cents prêtres*
» en habit de chœur. On y remarquait M*gr l'archiprêtre de la Cathédrale de Tarbes* et M. le
» *Supérieur du Grand-Séminaire*, vicaire général; *les Pères Missionnaires de la Grotte* avec *leur*
» *vénérable Supérieur*, plusieurs doyens, des chanoines de divers diocèses, *les prêtres du*
» *pèlerinage de Niort.....*

» M*gr L'ÉVÊQUE DE TARBES* était assisté de *Mgr Peyramale, de M. Fouran, vicaire-général* et
» des Officiers sacrés.....

» Le remarquable chœur d'hommes, si habilement dirigé par M. *l'abbé Pomian*, et par
» M. Dargein, organiste de la paroisse, exécutait des chants liturgiques.....

» *La fanfare de Lourdes* faisait entendre ses meilleurs morceaux.....

» *M. le Préfet des Hautes-Pyrénées, M. le Sous-Préfet d'Argelès, MM. du Tribunal, M. le*
» *le Maire, MM. les Officiers de la Garnison, MM. les Fabriciens* et divers fonctionnaires
» assistaient à la cérémonie.

» *Un piquet d'artillerie formait la haie.....*

» La pierre qui devait être bénite reposait non loin de l'estrade, *dans la courbe d'une*
» *ligne de fondations* QUI DESSINE SUR LE SOL LE CHEVET DE L'ÉGLISE. Par delà, une grande
» croix de bois *indiquait la place de l'autel majeur.* Au loin, sur les deux flancs apparaissent
» des bannières symétriquement rangées, MARQUANT LE PLAN DE L'ÉDIFICE SACRÉ TOUT
» ENTIER, *et permettant déjà d'en apprécier* LES LARGES ET HARMONIEUSES PROPORTIONS.....

» Après la bénédiction, M*gr* l'Évêque de Tarbes prit la parole: on n'analyse pas
» M*gr* Jourdan, on cite; et nous sommes heureux de pouvoir offrir plus loin le texte de
» cette allocution où nos lecteurs admireront comme nous, l'élévation de la pensée, la
» distinction du style, la logique pressante et le tact exquis dans les éloges adressés *à tous*
» *ceux qui avaient contribué au succès de cette religieuse entreprise.....*

» La procession se reformant ensuite, traversa de nouveau les rues transformées en » temple de verdure et rentra dans la vieille église.....

» Cependant la fête n'était pas encore terminée. Le cœur si large, si désintéressé de » Mgr Peyramale, avait préparé à ses nombreux amis un fraternel banquet, auquel purent » prendre part, AVEC LES AUTORITÉS, tous les prêtres présents à Lourdes. *Deux cent cinquante* » *convives* réunis dans une vaste salle de l'établissement des Frères, ornée avec un goût » exquis, jouissaient du bonheur de leur hôte ....

Disons en passant que LES PLANS DE LA NOUVELLE ÉGLISE : *plan, coupes et élévations des* *diverses façades*, ORNAIENT LES MURS DE LA SALLE SERVANT DE VESTIBULE A LA SALLE DU BANQUET.

» A la fin du repas, M. le Curé se leva pour porter le toast de la gratitude.....

» *M. le Préfet,* dont la noble et sympathique figure trahissait toute la satisfaction, dut » trouver là une bien douce récompense pour LE CONCOURS EMPRESSÉ qu'il donna, dès son » arrivée dans le département, A CETTE ŒUVRE à laquelle, de l'aveu de tous, il était digne » d'attacher son nom.....

Nous joignons à ces extraits quelques passages du discours de Mgr Jourdan ; nous cite-rons textuellement ses éloquentes paroles.

« Il faut des Temples ! il en faut parce que le catholicisme est la vraie religion et qu'il » ne peut avoir ce caractère sans se traduire au dehors *par des monuments du genre de celui* » *qu'on doit élever en ce lieu et dont nous venons de bénir et poser la première pierre.....*

» Mais, s'il est évident que le temple est indispensable à la vie religieuse des peuples, » *encore faut-il qu'il soit suffisant, qu'il réponde aux besoins des populations auxquelles on le destine.* » OR, C'EST LA CE QUI N'A PAS LIEU POUR VOUS DEPUIS LONGTEMPS.

» Lorsqu'a été construite votre église actuelle, la population paroissiale ne s'élevait » qu'au chiffre de mille, elle ne représentait donc que le cinquième de ce qu'elle est devenue » depuis. VOTRE ÉGLISE ACTUELLE EST DONC TOUT A FAIT INSUFFISANTE. JE NE DIRAI PAS » QU'A CETTE INSUFFISANCE ELLE JOINT UN ÉTAT DE VÉTUSTÉ QUI EN POURRAIT COMPROMETTRE » L'ÉQUILIBRE DANS UN AVENIR FACILE A PRÉVOIR : PERSONNE NE L'IGNORE.

» IL VOUS FAUT DONC, Nos Très Chers Frères, UNE NOUVELLE ÉGLISE plus digne que » l'ancienne de la majesté de Dieu, plus conforme aux sentiments de foi et de piété qui vous » distinguent, *mieux proportionnée à l'avenir probable qui vous attend.....*

» IL VOUS FAUT DONC UNE NOUVELLE ÉGLISE, PEUT-ÊTRE MÊME DANS UN AVENIR QUE NOUS » NE SAURIONS PRÉCISER, Y AURA-T-IL LIEU DE CRÉER ENCORE D'AUTRES SANCTUAIRES.....

» Et Mgr de Tarbes terminait ainsi :

» Nous devons remercier particulièrement *M. le Préfet des Hautes-Pyrénées,* dont le cœur » est toujours ouvert, et le concours acquis à toute pensée noble et généreuse.

» Nous savons aussi avec quel dévouement *M. le Maire de Lourdes et ces messieurs compo-*
» *sant le Conseil municipal ont voulu prendre part aux frais de l'entreprise et quelle somme importante*
» *ils ont votée à cet effet.* Nous n'ignorons pas non plus que d'autres offrandes ont été faites et
» que M. le Curé peut compter sur la générosité de ses paroissiens.

» Soyez donc tous remerciés, Nos Très Chers Frères, ET QUE L'OEUVRE UNE FOIS COM-
» MENCÉE NE S'ARRÊTE PLUS; qu'il s'élève au milieu de vous, ce temple où vous trouverez
» la lumière et la paix, le pardon de vos fautes et tous les secours spirituels qui vous sont
» nécessaires; QU'IL S'ÉLÈVE PROMPTEMENT, MAIS DANS TOUTES LES CONDITIONS DE SOLIDITÉ
» DÉSIRABLES, et qu'il serve à la sanctification de tous. »

Comme on en peut facilement juger, à cette époque, l'enthousiasme était à son comble :
il fallait faire GRAND, il fallait faire BEAU et surtout faire RAPIDEMENT. *Aucune Autorité ne se
préoccupait de la dépense,* le ZÈLE ARDENT DE Mgr PEYRAMALE DEVAIT Y POURVOIR !

Tout le monde était d'accord, Mgr Jourdan, M. le Préfet, M. le Maire, le Conseil municipal et la Fabrique, *pour ratifier le vœu enthousiaste de la population et attribuer au vénérable
Curé de Lourdes, à l'encontre de toutes les règles administratives,* la direction et l'exécution de
l'œuvre, la centralisation et la disposition des ressources.

C'est ce qui explique à la fois et *les irrégularités commises* dans les actes administratifs et
la ratification que leur donnera plus tard l'Autorité supérieure.

Avant de terminer cette partie de notre travail, nous devons encore citer ces paroles
des Pères-Missionnaires de la Grotte dans leurs *Annales, numéro du 30 août* 1875 :

« *L'Église paroissiale de Lourdes est* DEPUIS LONGTEMPS INSUFFISANTE *pour sa population
» agrandie. Sa vétusté* sans caractère ne convient pas à une ville devenue si célèbre et visitée
» par les catholiques du monde entier.....

» L'église sera visitée par les pèlerins de toute la terre, qui voudront la voir, après la
» Basilique; ELLE EST DONC PLUS QU'UNE ŒUVRE LOCALE.....

» Mgr Peyramale attend, pour la construction de son église paroissiale, les dons des
» amis de Notre-Dame de Lourdes; ILS NE LUI MANQUERONT PAS, PERSONNE N'EN PEUT
» DOUTER. »

Ainsi, partout la même confiance et toujours le même enthousiasme !

Traité avec l'Entrepreneur.

C'est dans ces circonstances, au milieu de ces événements que M. Bourgeois fut appelé
à Lourdes par M. Delebarre de Bay, sous la direction duquel il avait déjà exécuté d'importants travaux à Paris.

Aucun entrepreneur de Lourdes n'ayant voulu s'engager à construire la nouvelle église *dans le délai d'une année*, Mgr Peyramale, bien qu'il lui en coutât de ne pouvoir traiter avec des ouvriers du pays, dut faire appel à un étranger.

Après avoir longuement étudié le projet, et s'être rendu compte des ressources locales, l'entrepreneur signait avec Mgr Peyramale le traité suivant :

« Entre les Soussignés :

» Monseigneur Peyramale, protonotaire apostolique, Curé de Lourdes (Hautes-Pyrénées), » y demeurant, agissant *au nom et comme délégué* du Conseil de Fabrique de l'église » paroissiale de Lourdes — d'une part ;

» Et M. Bourgeois, Henri, Paul, Octave, entrepreneur de travaux publics demeurant » à Chartres (Eure-et-Loir) — d'une autre part ;

» Il a d'abord été exposé ce qui suit :

» Par délibération en date du 18 juillet 1875, *le Conseil de fabrique de l'église paroissiale* » *de Lourdes a résolu l'édification d'une nouvelle église* à élever sur un terrain acquis à cet effet, » et d'après les plans dressés par M. Ed. Delebarre de Bay, architecte à Paris, y demeurant » 105 bis rue de Rennes.

» Ce même jour, *le Conseil de fabrique délègue à Mgr Peyramale, pour l'exécution de ladite* » *résolution, tous pouvoirs utiles pour traiter de l'achat des terrains* et de *la construction de l'église* » *projetée,* afin de conduire à bonne fin et complet achèvement l'édifice dont il est question.

» *Le Conseil municipal de la Commune de Lourdes en sa séance du (Date en blanc) après en* » *avoir délibéré, approuve la délibération du Conseil de Fabrique et vote une subvention de cent mille* » *francs à affecter aux travaux de construction de la nouvelle église ;* il délibère, en outre, que tous » matériaux de construction de quelque nature qu'ils soient qui devront entrer dans ladite » construction seront dégrevés de tous droits actuellement perçus par la commune : droits » d'extraction de moëllon, de pierre, de marbre, de schiste, de sable, etc., et de tous » autres droits de douane ou d'octroi qu'elle pourrait établir dans l'avenir sur les diverses » natures de matériaux de construction.

» *Cette délibération du Conseil municipal est en ce moment soumise à l'approbation préfectorale.*

» Ceci exposé :

» M. Bourgeois, ayant pris pleine et entière connaissance des clauses et conditions » contenues au cahier des charges générales, au cahier des charges particulières à chaque » nature de matériaux et à chaque nature de travaux, et après avoir pris connaissance de la » série des prix des travaux de terrasse, maçonnerie, charpente, couverture, plomberie, » menuiserie, serrurerie, peinture et vitrerie,

» S'engage à exécuter les travaux ci-dessus désignés d'après les plans dressés par » l'architecte, conformément aux conditions du cahier des charges générales et particulières

» et moyennant les prix portés à la série des prix de toutes natures de travaux annexée
» aux présentes.

» S'engage, en outre, l'ordre de commencer les travaux lui étant donné officiellement
» par les présentes, *d'activer les travaux de telle sorte que la nouvelle église puisse être livrée au*
» *Culte le vingt-cinq décembre mil huit cent soixante-seize* (25 décembre 1876).

» Il est expliqué, néanmoins, qu'à cette date, il pourra rester des travaux à exécuter
» à cette condition cependant que la terminaison de ces travaux ne gêne en rien la libre
» possession de l'intérieur de l'église.

» *M. Bourgeois s'engage, enfin, dans le cas où la date de livraison des travaux serait dépassée, à*
» *subir une retenue de cent francs par chaque jour de retard.* »

Ce traité indiquait ensuite les conditions de paiements : à comptes et solde, et il était
signé :

« PEYRAMALE, curé pr. ap.
» H. BOURGEOIS. »

Ainsi, contrairement à la Légende, et il est facile de s'en convaincre à la lecture de ce
traité, l'entrepreneur, DÈS LE DÉBUT DE L'AFFAIRE, TRAITAIT AVEC LA FABRIQUE *par l'intermédiaire
de son* MANDATAIRE Mgr PEYRAMALE; et il ne pouvait être douteux pour lui — ni pour toute
personne de bonne foi — qu'il traitait avec la Fabrique, puisque le contrat portait que la
délibération du Conseil de cet établissement religieux, *donnant mandat à M. le Curé de* TRAITER
DE GRÉ A GRÉ AVEC TOUS ENTREPRENEURS... ÉTAIT APPROUVÉE PAR LE CONSEIL MUNICIPAL et
que *la délibération de l'Assemblée communale* ÉTAIT, au moment même de la signature des
conventions, SOUMISE A L'APPROBATION DE M. LE PRÉFET DES HAUTES-PYRÉNÉES !

Dans la pensée de l'entrepreneur, TOUTES LES FORMALITÉS ADMINISTRATIVES AVAIENT
DONC ÉTÉ REMPLIES et dès ce jour il devait croire que, conformément à la Loi, *en cas
d'insuffisance des ressources de la Fabrique,* LA COMMUNE *qui avait approuvé l'entreprise,* SERAIT
TENUE, *au lieu et place de ladite Fabrique,* DE GARANTIR LES SOMMES QUI POURRAIENT LUI ÊTRE
DUES.

Mais, le Conseil municipal *n'avait pas,* encore, *approuvé la décision prise par le Conseil de
Fabrique,* et, conséquemment, *la délibération du Conseil municipal n'avait pas été envoyée à l'approbation préfectorale.*

Est-ce donc, *en équité,* une *faute imputable à l'entrepreneur* d'avoir partagé la conviction de
Mgr Peyramale que *toutes les formalités administratives avaient été remplies !*

Quoi qu'il en soit, en présence de cette situation, M. Bourgeois poursuivit sans relâche,
auprès de qui de droit, la régularisation de l'entreprise.

Cependant, les travaux marchaient avec la plus grande activité, mais les conditions du
traité n'étaient pas respectées comme il l'eût fallu.

Aussi, dès le 24 novembre 1875, l'entrepreneur écrivait-il à son architecte :

« . . . . . ni M. le Curé ni M. Hubert ne sont venus samedi sur le chantier.

» Je désirerais cependant bien voir ces Messieurs afin qu'ils me donnent une solution
» à la question situation des travaux.

» *Cela m'inquiète et me fait craindre pour l'avenir ;* car si, au commencement des travaux,
» les conventions ne sont pas mieux exécutées, cela peut devenir très grave plus tard.

» *Je vous demanderais, une fois encore, à ce sujet, de vouloir bien faire* RÉGULARISER *le plus*
» *tôt possible,* NOTRE TRAITÉ EN CE QUI A RAPPORT AUX DATES D'APPROBATION DU CONSEIL
» MUNICIPAL ET ARRÊTÉ PRÉFECTORAL QUI ONT ÉTÉ LAISSÉES EN BLANC. »

Le 6 février 1876, nouvelle demande à l'architecte :

» *Je n'ai toujours pas de plans approuvés,* ET LE TRAITÉ N'A PAS ÉTÉ COMPLÉTÉ EN CE QUI
» CONCERNE LES DATES DES APPROBATIONS ; TOUTES CES CHOSES AURAIENT BESOIN D'ÊTRE
» RÉGULARISÉES. »

Enfin, sur de nouvelles instances de M. Bourgeois auprès de M. le Sous-Préfet d'Argelès, l'affaire va recevoir un commencement de régularisation.

Dans la SÉANCE DU 24 AVRIL 1876,

« M. le Maire donne connaissance au Conseil de la lettre de M. le Sous-Préfet qui le
» prie de convoquer *d'urgence* cette assemblée AFIN QU'ELLE AIT A APPROUVER LE PLAN DE
» L'ÉGLISE.

» Une vive discussion s'engage parmi les membres du Conseil municipal. *Certains*
» *membres prétendent que* L'APPROBATION DE CE PLAN *peut engager l'avenir des finances de la ville*
» *de Lourdes, et qu'il y a lieu, avant, de bien connaître les engagements que la ville contracte par*
» *l'approbation du plan.*

» M. Dozous demande la nomination d'une commission pour étudier cette affaire qui
» est à ses yeux très sérieuse et *peut compromettre les intérêts de la commune.*

» Cette proposition, mise aux voix, *est rejetée* A L'UNANIMITÉ.

» M. le Maire met aux voix la proposition qui forme l'objet de cette réunion extraor-
» dinaire, c'est-à-dire APPROBATION DES PLANS DE L'ÉGLISE.

» *Cette proposition est adoptée à une très grande majorité par le Conseil.* »

ET CES PLANS FURENT MATÉRIELLEMENT REVÊTUS DU VISA DE CHACUN DES MEMBRES DU
CONSEIL.

LE 3 MAI 1876, *nouvelle séance extraordinaire* où il est donné lecture au Conseil d'une
lettre de *M. le Préfet* en date du 30 avril dans laquelle *il annonce que le Conseil général a accueilli*
favorablement une demande de secours sur les fonds de l'État pour la construction de la nouvelle église ;
mais il fait observer que, pour qu'il puisse appuyer cette demande auprès de M. le
Ministre des Cultes, *il est nécessaire de constituer d'abord un dossier complet et régulier de l'affaire.*

Le Dossier « COMPLET ET RÉGULIER » fut constitué et le Conseil municipal prit l'importante délibération suivante :

« Vu la délibération du *7 juillet 1875* par laquelle le Conseil municipal *a déclaré vouloir* » *concourir à la construction de la nouvelle église par une allocation de cent mille francs* dès que ses » ressources le permettraient et par l'abandon d'un banc de schiste évalué mille francs ;

» Le Conseil, considérant que la construction de la nouvelle église COMMENCÉE ET » POUSSÉE *avec activité par une initiative pieuse*, à l'aide de dons remis à Mgr Peyramale, curé » de Lourdes, **n'en est pas moins une œuvre essentiellement communale et** » **devant profiter exclusivement à la commune** *qui a voté une allocation importante* » *dans ce but ;*

» Considérant, en outre, *qu'il est de l'intérêt* **de la commune propriétaire** aussi bien » que de l'État d'en favoriser le prompt achèvement,

» Délibère :

» Qu'il demande à l'État de vouloir bien allouer sur le budget des Cultes une subven » tion proportionnée aux dépenses faites et aux sacrifices que la Commission de Lourdes » s'est imposés.

» *Le vote a été émis* A LA PRESQUE UNANIMITÉ *des membres présents qui ont signé.* »

Il était, à ce moment, hors de doute pour l'entrepreneur — sans rappeler la présence du Préfet et de l'Évêque à la pose de la première pierre, sans suivre l'intervention incessante du Préfet et du Sous-Préfet auprès du Conseil municipal, soit relativement aux plans, soit au sujet du vote des voies et moyens — *il n'était plus douteux pour M. Bourgeois que ces deux délibérations* (26 avril et 3 mai 1876) *ne fussent l'approbation formelle par le Conseil municipal de tout ce qu'avait fait Mgr Peyramale* AU NOM DE LA FABRIQUE ; *délibération* d'ailleurs *ratifiée par l'administration supérieure, qui accorda* UNE SUBVENTION DE 12,000 FRANCS A LA VILLE DE LOURDES POUR LA CONSTRUCTION DE SON ÉGLISE (séance 6 novembre 1876).

C'était, enfin, LA RESPONSABILITÉ DE LA COMMUNE BIEN DÉFINITIVEMENT ENGAGÉE.

Deuxième traité.

Mgr Peyramale n'ayant pu parvenir à verser les à-comptes suivant les stipulations du traité du 19 septembre 1875, ce marché, passé avec Mgr Peyramale *au nom de la Fabrique*, fut complété le 15 juin 1876 par un second traité où Mgr Peyramale *agit à la fois en son nom personnel et comme délégué de la Fabrique*, et par lequel les conditions de paiement du premier marché furent sensiblement modifiées.

Nous terminerons cet exposé par une observation.

On a dit et répété souvent (*la Légende*) que la Fabrique n'avait jamais rien connu de ce qui se passait en cours d'exécution, qu'elle avait ignoré jusqu'au bout ce que faisait *son mandataire* le curé de Lourdes.

Le contraire est facile à démontrer jusqu'à l'évidence.

Il existe, en effet, des documents qui prouvent que Mgr Peyramale a toujours agi de concert avec la Fabrique et que cette dernière est intervenue officiellement toutes les fois qu'il a été nécessaire.

C'est ainsi que, le 8 avril 1877, *le Conseil de fabrique a pris une délibération* POUR PRIER LE GOUVERNEMENT DE VENIR EN AIDE A LA FABRIQUE *en lui accordant un nouveau secours pour terminer l'église.*

D'un autre côté, le procès-verbal de la séance du Conseil municipal du 6 avril 1877 *relate la communication au Conseil du procès-verbal dressé par le Conseil de fabrique* constatant que, le 1er janvier 1877, *la Fabrique a effectué des travaux pour une somme de* 500,000 FRANCS *sur lesquels il reste dû* 250,000 FRANCS, *et qu'il faudrait encore une dépense de* 300,000 FRANCS, *pour achever la construction de l'église.*

Or, les mots n'ont plus de sens, ou le procès-verbal de la Fabrique contient L'APPROBATION FORMELLE DE TOUTES LES DÉPENSES EFFECTUÉES JUSQUE-LA PAR Mgr PEYRAMALE AU NOM DE LA FABRIQUE.

La Fabrique, contrairement à la Légende, était donc bien tenue au courant de la marche de l'affaire, par son mandataire Mgr Peyramale; elle n'ignorait rien de ce qui se passait.

Arrêt des travaux. — Introduction de l'Instance.

D'après ses conventions, l'entrepreneur devait toucher une somme de 400,000 francs avant le 1er janvier 1877, or, à cette date, il n'avait reçu que 209,500 francs, et Mgr Peyramale se déclarait dans l'impossibilité de faire de nouveaux versements.

La commune, de son côté, *n'avait pas versé la subvention de 100,000 fr. qu'elle s'était obligée de fournir.*

Dans ces circonstances, l'entrepreneur dut interrompre ses travaux et, le 12 février 1877, assigner, devant le Conseil de Préfecture des Hautes-Pyrénées, Mgr Peyramale, tant en son nom personnel que comme délégué de la Fabrique, le Trésorier de la Fabrique et M. le Maire de Lourdes en paiement des sommes dues et en résiliation du traité.

Le 6 mars 1877, en réponse à la communication qui lui avait été donnée de la requête de l'entrepreneur au Conseil de Préfecture, Mgr Peyramale adressait à M. le Préfet des Hautes-Pyrénées la lettre suivante :

« Monsieur le Préfet,

» Vous avez eu la bonté de m'informer que *l'adjudicataire de l'Église de Lourdes* avait

» déposé au greffe du Conseil de Préfecture une requête tendant à obtenir le payement
» d'une somme de 188,500 francs, la résiliation de son marché et des dommages-intérêts.

» Vous m'invitez en même temps à produire un moyen de défense.

» *Je n'ai rien à opposer, Monsieur le Préfet, aux demandes de l'adjudicataire de notre église ;* en
» vertu de nos conventions, je devais avoir payé au mois de janvier de cette année la
» somme de quatre cent mille francs ; jusqu'à ce moment je n'ai compté que deux cent
» trente mille francs. *Si la ville m'avait donné les cent mille francs votés pour l'église* au mois de
» juin de l'année 1875, *j'aurais satisfait à mon engagement,* il m'aurait été facile de parfaire la
» différence, mais je n'ai pas cru devoir emprunter l'argent que la ville devait, j'avais assez
» de charges sans cela.

» Quant aux autres demandes formulées par l'adjudicataire, il fera valoir ses droits s'il
» est fondé dans ses prétentions.

» Agréez, Monsieur le Préfet, l'expression de mes sentiments respectueux.

» *Signé :* PEYRAMALE, Curé prot. apost. »

Certes, si la ville de Lourdes eût versé la subvention de 100,000 francs votée par le
Conseil municipal, les travaux n'eussent pas été arrêtés.

Et que d'événements douloureux ou regrettables qui furent la suite de cet arrêt ne se
seraient peut-être point produits !

La mort de Mgr PEYRAMALE, Curé de Lourdes. — Ses funérailles.

Le 8 septembre 1877, décès de M. le Curé de Lourdes.

L'avant-veille encore, il recevait, dans la nouvelle église en construction, le pèlerinage
de Bourges, et rien ne faisait pressentir à ses amis le malheur dont ils allaient être frappés.

Lorsque la fatale nouvelle fut connue dans Lourdes, la consternation fut unanime, le
deuil était dans tous les cœurs, car tous connaissaient, vénéraient et aimaient
Mgr Peyramale.

Le chagrin de ne pouvoir continuer les travaux de l'église aurait contribué pour
beaucoup, disait-on, à cette mort soudaine et inattendue.

Les obsèques de Mgr Peyramale eurent lieu le lundi 10 septembre.

Le grand cercueil qui renfermait les restes du Curé de Lourdes était porté sur un char
élevé, précédé du clergé et des multiples corporations et confréries de ces contrées.

A gauche et à droite marchant sur deux rangs, comme en une procession, tout un
peuple accablé de douleur.

M. A. Peyramale conduisait le deuil, accompagné de nombreux parents et amis. Le
Maire et le Conseil municipal, le Président et les Juges du Tribunal civil avec les membres

du Parquet, le Sous-Préfet d'Argelès, toutes les autorités civiles, judiciaires et adminis-tratives de l'arrondissement, un représentant de M. le Préfet des Hautes-Pyrénées avaient des places d'honneur dans le cortège ou tenaient les cordons du poêle.

Non seulement sur le passage du cortège, mais dans toute l'étendue de cette vaste paroisse, les magasins, les boutiques, les ateliers, les chantiers étaient fermés. Toutes les fenêtres étaient closes en signe de deuil. Dans cette ville, habituellement si mouvementée, nul passant dans les rues, nulle voiture sur les places. Toute la population suivait le char funèbre, la ville au reste était déserte.

Son Em. le Cardinal Langénieux, Archevêque de Reims, en ce moment à Lourdes, prononça en chaire l'éloge du vénérable Curé dont « la mort était un triomphe et les funérailles une apothéose. » Après ce discours, l'immense cortège, reprenant sa marche à travers les grandes rues de la ville, conduisit le corps de Mᵍʳ Peyramale à sa dernière demeure.

Là, M. Lapeyre, maire de Lourdes, exprima avec émotion les sentiments et les regrets de la cité pour le vénérable prêtre qu'elle venait de perdre.

Conformément au vœu exprimé par la population tout entière, *la dépouille mortelle de Mᵍʳ Peyramale repose dans un caveau de la Crypte de la nouvelle église en construction.*

Conséquence du décès de Mᵍʳ PEYRAMALE.

Dès le lendemain des funérailles du vénérable Curé de Lourdes, M. Bourgeois ne ren-contre plus que mauvais vouloir, personne ne veut accepter la responsabilité de l'œuvre entreprise.

La Fabrique et la Commune ne connaissent plus l'entrepreneur, elles n'ont pas traité avec lui, elles ne lui doivent rien !

D'ailleurs, c'est trop cher !

Dès lors que Mᵍʳ Peyramale n'est plus là pour faire appel aux dons et qu'il faut puiser aux budgets locaux, l'enthousiasme d'antan s'est évanoui.

A ce moment, LA LÉGENDE *prend naissance :* personne n'a jamais parlé de l'église, et ceux-là qui montraient le plus d'ardeur, s'improvisant architectes, dissertent sur les pro-portions, sur les matériaux, réduisent les prix et soutiennent qu'on aurait dû faire une merveille pour moitié prix !

« *Cette œuvre trouvera toujours dans le successeur de M. le Curé un continuateur avec les mêmes* « *ressources assurées provenant de la catholicité tout entière ; »*

Ces paroles du Maire de Lourdes, dans la séance du Conseil municipal du 7 juillet 1875, ne sont plus que de vaines paroles !

Dès le 12 octobre 1877, c'est-à-dire un mois à peine après le décès du Curé de Lourdes, M⁅ᵍʳ⁆ Jourdan, sous l'empire de sentiments que nous n'avons pas à apprécier, dans une lettre *rendue publique*, adressée à M. l'abbé Peyret, vicaire-administrateur de la paroisse de Lourdes, s'exprimait ainsi :

..... « Vous n'avez à vous occuper que de l'administration spirituelle de la paroisse » dont vous êtes provisoirement chargé. *Toute affaire relative à la nouvelle église en construction* » *doit vous rester étrangère*.....

» Nous interdisons encore toute manifestation collective ayant le caractère d'un culte religieux, dont le tombeau de M⁅ᵍʳ⁆ Peyramale serait l'objet, comme processions, pèlerinages.

» Il serait à souhaiter qu'à Lourdes on se préoccupât, avant tout, des dettes si consi- » dérables que, par *un excès de zèle et de confiance, et pour une œuvre d'un intérêt purement parois-* » *sial*, M⁅ᵍʳ⁆ Peyramale a contractées, *à notre insu et en son nom personnel. Il y a là une question* » qui devrait évidemment primer toutes les autres..... »

Cette lettre fut, dit-on, envoyée à tous les Évêques, à tous les prêtres et à tous les couvents en France et à l'étranger.

Elle eut, certainement, comme conséquence d'arrêter brusquement la marche de l'œuvre et de tarir la source des dons *auxquels M⁅ᵍʳ⁆ Jourdan, lui-même, avait fait appel*, au jour de la bénédiction et de la pose de la première pierre de la nouvelle église.

C'était en tout cas, cela ne saurait être contesté, acculer la fabrique de Lourdes à la faillite et préparer la ruine de l'entrepreneur.

Après une vacance de trois mois, la cure de Lourdes fut occupée par M. l'abbé Barrère, professeur au grand séminaire de Tarbes.

Rien dans les actes de l'honorable Curé de Lourdes n'indique que l'interdit dont M⁅ᵍʳ⁆ Jourdan avait frappé la nouvelle église ait été levé; il n'apparaît pas, en effet, depuis plus de dix années, qu'aucun effort ait été tenté pour la continuation de l'œuvre de la nouvelle église.

Vivement préoccupé de ces évènements, l'entrepreneur, qui ne pouvait comprendre que l'Autorité diocésaine se désintéressât d'une œuvre qu'elle avait officiellement approuvée et patronnée, adressa une requête à M⁅ᵍʳ⁆ l'évêque de Tarbes.

Quelques jours après l'apparition de la lettre épiscopale à M. l'abbé Peyret, M. Bourgeois recevait cette réponse de M⁅ᵍʳ⁆ Jourdan :

« Monsieur,

» Je regrette vivement le découvert que laisse après lui M⁅ᵍʳ⁆ Peyramale, mais je ne puis

» accepter, ainsi que vous m'en faites la proposition, de me substituer en son lieu et
place.

» Je dois à mon diocèse, pour suffire aux charges qu'il m'impose, de rester, relative-
» ment à la nouvelle église paroissiale de Lourdes, dans la situation où je me trouve.

» *Je n'ai vu ni plans, ni devis. Mgr Langénieux n'avait autorisé qu'une église de 350,000 fr.*
» *et je n'ai fait autre chose que laisser l'entreprise suivre son cours dans les limites posées par mon véné-*
» *rable Prédécesseur, On a depuis fait au plan primitif, seul approuvé, des additions considérables,*
» *sans m'en dire un seul mot.* En outre on a omis de me faire savoir qu'on n'avait pas les fonds
» nécessaires pour payer les travaux, à mesure qu'on les exécutait, et on a contracté des
» engagements tout à fait à mon insu.

» Il suit de là que je ne puis, à aucun titre, accepter la succession de Mgr Peyramale.

» *Je fais des vœux pour que les dettes soient payées avant tout :* néanmoins je ne pourrais, en
» aucun cas, intervenir dans cette affaire, sous quelque forme que ce soit, qu'en me réser-
» vant le choix des personnes qui auraient à y concourir et des moyens à prendre.

» Veuillez agréer, Monsieur, l'assurance de ma considération distinguée,

» *Signé :* ✝ C. V., Ev. de Tarbes. »

C'était la confirmation, pure et simple, de la lettre adressée à M. l'abbé Peyret.

Ainsi, Mgr Jourdan avait revêtu de son approbation la délibération du Conseil de
Fabrique du 18 juillet 1875, sans rien connaître de l'affaire !

Nous ne voulons pas insister sur ce fait que Mgr Jourdan...... *devait avoir vu* les plans,
coupes et façades de l'église à construire, puisqu'ils pavoisaient la salle d'entrée du banquet
le jour de la pose de la première pierre, où ils furent longuement considérés par les invités
du vénérable Curé de Lourdes, et que ce jour, *le plan était tracé très visiblement sur le terrain*
où la première pierre avait été posée.

Nous ne voulons pas davantage revenir sur ce point : que *les plans sur lesquels n'a cessé de*
discuter le Conseil municipal, de 1871 à 1875, c'est-à-dire, jusqu'au jour de la pose de la
première pierre, au moment où ils ont été placés dans le vestibule de la maison des
Frères, *étaient ceux qui ont servi à l'exécution :* ÉGLISE DE 58 MÈTRES DE LONGUEUR, *laissant*
3 MÈTRES *de largeur de passage à la hauteur du transept à droite* et comportant *une* DÉPENSE
d'environ 800,000 FRANCS. (Voir délibérations du Conseil municipal : 29 décembre 1872 —
8 avril 1873 — 21 juin 1874 et 9 avril 1875.)

Disons, cependant, pour rendre hommage à la vérité, qu'on pourrait reprocher une
addition — une seule ! — au zèle ardent de Mgr Peyramale : il a demandé à l'architecte
de prévoir un triforium ajouré au lieu et place du triforium borgne que prévoyaient les
plans primitifs; cette modification, d'après le devis estimatif, devait entraîner une dépense

supplémentaire de 58,000 francs; mais ajoutons, bien vite, que cette dépense pourra n'être pas effectuée : la construction n'étant pas encore arrivée à hauteur du triforium.

Quoi qu'il en soit, l'entrepreneur n'étant point parvenu à faire entendre aux Autorités civiles et religieuses que leur responsabilité était engagée dans l'affaire, et n'ayant pu obtenir satisfaction d'aucun côté, les des fins de non-recevoir qu'on lui opposait, avec plus d'ingéniosité que de bonne foi, se vit obligé de poursuivre rigoureusement l'instance qu'il avait introduite devant le Conseil de Préfecture.

Reprise de l'Instance.

M. Alexandre Peyramale, en tant qu'héritier de Mgr Peyramale, fut mis en cause le 28 février 1878.

Devant le Conseil de Préfecture, — il fallait s'y attendre, en présence de l'attitude prise par les Administrations locales, — après une délibération du Conseil municipal en date du 16 février repoussant la demande de l'entrepreneur, sous le prétexte que la Ville n'aurait jamais eu de rapports avec lui, la commune prit des conclusions tendant à l'incompétence du Conseil de Préfecture; la Fabrique se joignit à ces conclusions, et M. A. Peyramale se borna à présenter, dans le même sens, des observations verbales, et statuant en l'état, le Conseil de Préfecture, *par un arrêté en date du* 20 JUILLET 1878, se déclara incompétent à l'égard de toutes les parties.

La première étape du procès était ainsi marquée après une perte de temps de dix-sept mois; *et ce procès devait durer près de* ONZE ANNÉES!

L'entrepreneur demanda au Conseil d'État l'annulation de l'arrêté du Conseil de Préfecture.

LES 7 ET 14 NOVEMBRE 1879, le Conseil d'État statuant au contentieux prenait la décision suivante :

« Considérant que la réclamation présentée par le sieur Bourgeois au Conseil de » Préfecture avait pour objet d'obtenir la résiliation du marché qu'il avait passé et le » paiement des sommes qui lui étaient dues pour *les travaux de reconstruction de l'église parois-* » *siale de Lourdes;*

» Que ledit marché est intervenu entre le requérant et le Sr Peyramale, curé de la » paroisse de Lourdes, *agissant* AU NOM ET COMME DÉLÉGUÉ *du Conseil de Fabrique, aux termes* » *de la délibération dudit Conseil, en date du 18 juillet 1875;*

» Que le Conseil municipal de la commune A RECONNU, *le 29 décembre 1872,* LA NÉCESSITÉ DE RECONSTRUIRE L'ÉGLISE PAROISSIALE;

— 31 —

» Que *le 7 juillet 1875, il a voté* dans ce but *une subvention de 100,000 francs* et que, *le*
» *24 avril 1876*, IL A APPROUVÉ LES PLANS DE L'ÉGLISE PROJETÉE;

» Que, dans ces circonstances, *les travaux de* RECONSTRUCTION DE L'ÉGLISE PAROISSIALE
» *avaient le caractère de travaux publics ;*

» Que le fait que les travaux, à l'occasion desquels la réclamation a été produite,
» *n'auraient pas été régulièrement entrepris*, que notamment ils n'auraient *pas été adjugés* dans
» les formes prescrites par l'article 42 du décret du 30 décembre 1809, ne saurait avoir
» pour effet *de modifier le caractère desdits travaux ;*

» Qu'il suit de là qu'il appartenait au Conseil de Préfecture, aux termes de l'article 4
» de la loi du 28 pluviôse an VIII, de connaître de la réclamation du sieur Bourgeois...

» DÉCIDE :

» *Article 1er.* — L'arrêté ci-dessus visé du Conseil de Préfecture du département des
» Hautes-Pyrénées est annulé.

» *Article 2.* — Le sieur Bourgeois est renvoyé devant le Conseil de Préfecture pour y
» être statué sur sa réclamation.

» *Article 3.* — LA FABRIQUE DE L'ÉGLISE PAROISSIALE ET LA COMMUNE DE LOURDES sont
» condamnées aux dépens.

» *Article 4.* — Expédition de la présente décision sera transmise au Ministre de l'Intérieur
» et des cultes... »

Cette décision, sur la compétence, n'aurait dû laisser aucun doute dans l'esprit des administrateurs de la Fabrique et de la commune de Lourdes, sur le résultat final de l'instance.

C'était, en effet, *la sanction légale du mandat donné par la Fabrique à M*gr *Peyramale* et la
ratification de tout ce qu'il avait fait au nom de la Fabrique; *c'était la désignation de cette
dernière comme maîtresse de l'entreprise;* c'était, enfin, *l'indication pour la commune*, qui avait
reconnu la nécessité de reconstruire l'église paroissiale, *approuvé les plans* et voté une
subvention, qu'elle pourrait être, aux termes de la Loi, *tenue au lieu et place de la Fabrique*,
en cas d'insuffisance des ressources de cet établissement religieux, *ainsi que l'avait fait
pressentir M. Duffau, dans la séance du Conseil municipal du 7 juillet 1875.*

Point n'était besoin d'être grand clerc pour, à la lecture de l'arrêt, en déduire
cette conséquence.

Mais messieurs les Fabriciens ne le comprirent pas ainsi et, ce qui ne fait pas honneur
à leur délicatesse, malgré les vives instances de l'entrepreneur pour arriver à une entente
amiable, ils restèrent convaincus, *unanimement*, que le mandat qu'ils avaient donné à
Mgr Peyramale était illégal et que la Fabrique n'avait nullement à se préoccuper des suites
du procès.

Cette quiétude pouvait déjà sembler quelque peu étrange avant l'arrêt du Conseil d'État; mais après... ?

Ses propositions de règlement amiable ayant été repoussées, l'entrepreneur adressa le 26 FÉVRIER 1880 une nouvelle requête au Conseil de Préfecture.

La Fabrique et la Commune demandèrent leur mise hors de cause. M. A Peyramale, une seconde fois, conclut à l'incompétence du Conseil de Préfecture en ce qui le concernait.

LE 21 MAI 1881 intervint une décision de ce Tribunal ainsi conçue :

» *Article 1er*. — La Commune de Lourdes est déclarée redevable *envers la succession de* » *Mgr Peyramale*, de la somme de 100,000 fr. Elle devra payer cette somme aussitôt que » la situation des héritiers Peyramale vis-à-vis de l'entrepreneur de la nouvelle église de » Lourdes aura été réglée;

» *Article 2*. — La Fabrique de l'église de Lourdes est mise hors de cause;

» *Article 3*. — Le sieur Bourgeois est renvoyé devant qui de droit en ce qui touche » l'exécution des conventions intervenues entre lui et feu Mgr Peyramale. »

Ainsi, le Conseil de Préfecture des Hautes-Pyrénées n'avait tenu aucun compte, ni de l'arrêt du Conseil d'État, ni de l'avis de M. le Ministre de l'Intérieur et des Cultes contenu au dossier de l'affaire.

Ne pouvant accepter une pareille décision, l'entrepreneur adressait le 1er août 1881 un nouveau recours au Conseil d'État tendant à l'annulation de l'arrêté du Conseil de Préfecture du 21 mai.

Et, dans ses SÉANCES DES 23 FÉVRIER, 3 MARS 1883, le Conseil d'État rendait l'arrêt suivant :

» *Article 1er*. — L'arrêté ci-dessus visé du Conseil de Préfecture est annulé.

» *Article 2*. — Il sera procédé à une expertise contradictoire devant le Conseil d'État, » à l'effet de vérifier le décompte des travaux exécutés, *et d'évaluer en outre le prix du matériel* » *à reprendre*, ainsi que les sommes qui pourraient être dues à l'entrepreneur, tant pour les » matériaux approvisionnés, la garde des constructions et du matériel, qu'à titre de » dommages-intérêts, s'il y a lieu. Le sieur Bourgeois, le Conseil de Fabrique de l'église » paroissiale de Lourdes et le sieur A. Peyramale désigneront chacun un expert. Les » experts prêteront serment entre les mains du Préfet des Hautes-Pyrénées; les procès-» verbaux d'expertise seront transmis directement au secrétariat du Contentieux du Conseil » d'État.

» *Article 3*. — Les sommes auxquelles le sieur Bourgeois sera reconnu avoir droit » seront supportées, sous la déduction des 100,000 francs votés par le Conseil municipal

» titre de subvention et qui restent à la charge de la commune, par la Fabrique, et dans
» le cas où l'ensemble des ressources de cet établissement ne serait pas suffisant pour
» assurer le paiement desdites sommes, par le sieur A. Peyramale, sauf à ce dernier à
» exercer contre la fabrique tel recours que de droit.

» *Article 4.* — La commune paiera dès à présent au sieur Bourgeois à titre de provi-
» sion la somme de 50,000 francs sur celle de 100,000 francs dont elle lui est redevable.

» *Article 5.* — Le marché passé par le sieur Bourgeois *pour* LA RECONSTRUCTION DE
» L'ÉGLISE PAROISSIALE DE LOURDES est déclaré résilié à partir du 12 février 1877.

» *Article 6.* — Le surplus des conclusions du sieur Bourgeois est rejeté.

» *Article 7.* — Les dépens seront supportés par la Fabrique. »

Pour donner suite à cette importante décision, M. Bourgeois fit signifier à la fabrique
de l'église paroissiale et à la commune de Lourdes, ainsi qu'à M. A. Peyramale que, conformément à l'article 2 dudit arrêt, il avait désigné comme expert : M. Vigoureux, architecte à Paris.

La Fabrique, acquiesçant à l'arrêt, sur la signification qui lui en avait été faite le
20 mars 1883, désigna M. St Guily, architecte à Lourdes.

Et M. A. Peyramale, M. Daussel, architecte à Tarbes.

LE 28 MAI 1883, les trois experts prêtaient serment entre les mains de M. le Préfet des
Hautes-Pyrénées *et le 4 MARS 1884 ils déposaient leur rapport au secrétariat du contentieux du
Conseil d'Etat.*

Les experts s'étant laissé influencer par le nouvel état d'esprit des habitants de Lourdes,
aussi prévenus contre l'entreprise qu'ils étaient enthousiastes à l'origine, proposèrent un
règlement non moins contraire à la vérité qu'à l'équité et l'entrepreneur se vit obligé de
faire encore appel à la haute justice du Conseil d'État.

En juin 1886, la section du contentieux du Conseil d'État, *admettant le bien fondé de la
demande de l'entrepreneur,* renvoya le Dossier de l'affaire *au Conseil des Bâtiments civils* pour une
revision du règlement des experts.

L'AVIS du Conseil des Bâtiments civils, en date du *2 août 1887,* écarta la prétention de deux
des experts de faire subir aux mémoires de l'entrepreneur une RÉDUCTION DE 170,000 FRANCS
*(sous le prétexte que l'architecte aurait pu réaliser une économie de pareille somme en prévoyant et
ordonnant l'emploi de matériaux d'un prix moins élevé)* et porta le règlement général de
509.874 fr. 90 c. à **527.069 fr. 45 c.** majorant ainsi de **17,184 fr. 55 c.** le chiffre arrêté par
l'expertise.

Ajoutons que les experts demandaient **28,951 fr.** *pour leurs honoraires*, et que le Conseil des Bâtiments civils proposa de réduire ces honoraires à la somme de **13,579 fr. 03 c.**

A la suite de l'expertise, dans ses conclusions devant le Conseil d'État, le Conseil de Fabrique *s'obstinant à considérer la Fabrique comme étrangère au traité Peyramale-Bourgeois* et méconnaissant l'arrêt du Conseil d'État du 3 mars 1883 qui l'avait formellement déclarée responsable des suites de ce traité, et à ce titre débitrice principale des sommes dues en conséquence à l'entrepreneur, le Conseil de Fabrique n'en persista pas moins à soutenir que, les travaux n'ayant pas été régulièrement autorisés, la Fabrique ne pouvait être obligée que dans la limite où ces travaux lui avaient profité; que deux des experts ayant déjà évalué à 170,000 francs les dépenses inutiles résultant de modifications apportées sans son aveu au projet primitif, il y avait lieu de réduire de pareille somme son obligation vis à vis de l'entrepreneur.

Le Conseil de Fabrique demandait, en outre, la condamnation solidaire de l'entrepreneur et de M. A. Peyramale aux dépens de l'instance et à tous les frais d'expertise.

Quant à M. A. Peyramale, il fit présenter des observations tendant à faire décider que les experts n'avaient pas outre-passé leur mission et que les réductions apportées par eux au décompte étaient bien justifiées ; que la demande d'indemnité pour manque à gagner sur les travaux restant à exécuter était dénuée de fondement parce qu'en fait *l'entrepreneur n'avait eu à exécuter qu'une suite de commandes sur série de prix ;* QU'IL N'Y AVAIT PAS EU ENGAGEMENT AVEC LE MANDATAIRE DE LA FABRIQUE POUR CONSTRUIRE L'ÉGLISE DANS LE DÉLAI D'UNE ANNÉE, *sous une pénalité de cent francs par chaque jour de retard* (marché du 16 septembre 1875); que c'était mal à propos qu'il avait fait des approvisionnements de matériaux et de matériel, etc.

M. A. Peyramale concluait également à ce que les frais d'expertise fussent mis à la charge de l'entrepreneur.

Ainsi, pour le Conseil de Fabrique, pour la commune de Lourdes, pour M. A Peyramale, *c'était M. Bourgeois qui devait pâtir de leurs faits et gestes et expier leur aveuglement de plus de dix années !*

La réponse à cette incroyable prétention ne se fit pas longtemps attendre.

LE 30 DÉCEMBRE 1887 — 6 JANVIER 1888, le Conseil d'État rendait l'arrêt suivant :

« *Article 1er* — La Fabrique de Lourdes et, à son défaut, le sieur Peyramale, ès-qualités,
» paieront au sieur Bourgeois :

» 1° Une somme de QUATRE CENT SOIXANTE DIX-SEPT MILLE SEPT CENT QUATORZE FRANCS
» QUATRE VINGT-CINQ CENTIMES (477,714 fr. 85) sous déduction des à-comptes déjà versés
» et d'une somme de *cinquante mille francs* (50,000 fr.) encore due à l'entrepreneur par la
» commune de Lourdes;

» 2° Une somme de VINGT-TROIS MILLE NEUF CENT CINQUANTE-TROIS FRANCS, VINGT-
» QUATRE CENTIMES (23,953 fr. 24) pour matériaux approvisionnés;

» 3° Une somme de DIX-HUIT MILLE TROIS CENT QUATRE-VINGT-DEUX FRANCS, SOIXANTE
» CENTIMES (18,382 fr. 60) pour charpente, échafaudages et indemnité de matériel;

» 4° Une somme de ONZE MILLE SOIXANTE-CINQ FRANCS (11,065 fr.) pour frais de garde
» et location de chantier.

» *Article 2*. — Les sommes ci-dessus fixées porteront intérêts, savoir : la première à
» compter du 1er janvier 1877; la deuxième et la troisième à partir du 12 février 1877; la
» quatrième à dater du 1er janvier 1881;

» Ces intérêts seront capitalisés pour produire eux-mêmes intérêts à compter des
» 8 octobre 1878, 26 février 1880, 1er août 1881, 4 avril 1885 et 6 décembre 1887.

» *Article 3*. — Les frais d'expertise et les honoraires d'experts sont liquidés à la somme
» de TREIZE MILLE CINQ CENT SOIXANTE-DIX-NEUF FRANCS (13,579 fr.), seront supportés par
» *la fabrique de l'église paroissiale de Lourdes* et, à son défaut, *par le sieur Peyramale*, ès-qualités.

» *Article 4*. — Le surplus des conclusions du sieur Peyramale et les conclusions de la
» fabrique sont rejetés.

» *Article 5*. — Il est fait masse des dépens qui seront supportés moitié par *la fabrique*,
» et moitié par *le sieur Peyramale*, ès-qualités.

» *Article 6*. — Expédition de la présente décision sera transmise au Ministre des Cultes
» et au Ministre de l'Intérieur. »

Ainsi fut terminée, devant le Conseil d'État, APRÈS ONZE ANNÉES D'INSTANCE, cette
affaire de la reconstruction de l'église paroissiale de Lourdes.

Quelle est la part de responsabilité de chacun dans cette affaire?
C'est ce que nous allons maintenant examiner.

Les Responsabilités.

RESPONSABILITÉ DE LA COMMUNE

Nous croyons avoir établi que la plus lourde part de responsabilité incombait à la
Commune :

C'est le Conseil municipal qui a pris *l'initiative de la reconstruction de son église paroissiale*
et qui a voté en principe *la nécessité de cette reconstruction* (délibérations des 5 septembre 1871
— 10 novembre 1872 — 11 novembre 1872 — 24 décembre 1872); c'est lui qui a *choisi*
l'emplacement de l'église (19 avril et 21 juin 1874 — 2 et 9 avril 1875 — 19 juin et 7 juillet

1875); c'est lui qui a *approuvé les plans* (24 avril 1876); enfin, c'est lui qui a *sollicité les secours de l'État* (3 mai et 9 août 1876, 1er avril — 3 et 5 août 1877) **en déclarant dans ses délibérations que la propriété de la nouvelle église appartenait à la Commune.**

Bien qu'il n'ignorât point qu'il est de principe que la reconstruction des édifices consacrés au Culte constitue *une dépense obligatoire pour les Communes, en cas d'insuffisance des ressources des fabriques*, malgré les observations présentées à ce sujet par quelques-uns de ses membres (7 juillet 1875 et 24 août 1876), le *Conseil municipal* n'en persista pas moins dans la voie qu'il s'était tracée, tant était grand son enthousiasme et absolue sa confiance dans les inépuisables ressources que devait procurer Mgr Peyramale, *avec l'aide de l'Autorité diocésaine*.

La Commune est en outre responsable de l'arrêt des travaux (lettre de Mgr Peyramale à M. le Préfet du 6 mars 1877) :

Le Conseil avait voté la vente des biens communaux dans la séance du 19 juin 1875; s'il eût donné suite à ce vote, la Commune pouvait verser sa subvention *en temps opportun.*

Dans la séance du 6 avril 1877, M. le Maire exprimait l'espoir « que la Ville serait bientôt en mesure, grâce à la réalisation de l'emprunt voté le 10 mars de la même année, de payer les 100,000 francs accordés pour l'église »; *mais on attendit le décès de Mgr Peyramale* pour réaliser cet emprunt, qui ne fut autorisé par arrêté préfectoral que le 5 octobre 1877.

UN MOIS TROP TARD !

La Commune doit donc n'imputer qu'à elle-même tout ce qui est arrivé et ne s'en prendre qu'à elle seule si les responsabilités l'atteignent aujourd'hui.

RESPONSABILITÉ DE L'ÉVÊCHÉ

La publication de la lettre de Mgr Jourdan à M. l'abbé Peyret fut le signal de la débâcle et la ruine de la combinaison si laborieusement conçue par Mgr Peyramale, *la Fabrique et la Commune de Lourdes avec l'appui des Autorités civiles et religieuses* du département.

Rien, à nos yeux, qu'on nous permette cette critique, rien ne justifiait et ne justifiera jamais cette lettre : *pas même l'attitude prise par M. A. Peyramale* après le décès de son frère.

RESPONSABILITÉ DE LA FABRIQUE

La Fabrique, dès le lendemain du décès de Mgr Peyramale, *son mandataire,* avait le strict devoir de reprendre la direction de l'entreprise et de demander des comptes à l'héritier du défunt, afin de liquider la situation, et par respect pour les intérêts des tiers.

Ç'a été là la moindre des préoccupations du Conseil de Fabrique.

La Fabrique n'a demandé ni le compte des sommes en caisse au moment du décès de

Mgr Peyramale (il y avait plus de 20,000 francs) ni celui des dons reçus, durant une longue période à la suite de ce décès par M. l'abbé Peyret, vicaire-administrateur de la paroisse de Lourdes et par M. le Curé Barrère.

Saurait-elle même exactement dire, aujourd'hui, quel emploi, quelle destination ont été donnés à ces fonds et à ces dons?

Par son testament en date du 24 avril 1877, Mgr Peyramale instituait son frère, M. A. Peyramale, son légataire universel, à la charge par lui « *de remettre pour l'église paroissiale de Lourdes tout ce qui pourrait lui revenir de l'héritage de M. Claverie, notaire à Pouzac.* »

La liquidation de cet héritage, homologuée par jugement en date du 18 décembre 1882, portait le legs fait à la Fabrique par Mgr Peyramale, pour la reconstruction de l'église, *à la somme de* **94,100 fr. 43 c.** *plus celle de 9,400 francs* réservée pour garantir le service d'une rente viagère faite à une demoiselle Guichard par M. Claverie.

La Fabrique ne fit aucune diligence pour entrer en possession de cette somme, bien que les arrêts du 14 novembre et 3 mars 1883 fussent venus affirmer sa responsabilité à l'égard de l'entreprise et bien qu'elle eût accepté la donation de Mgr Peyramale par délibération en date du 20 avril 1884.

Ce n'est qu'au mois de mars de la présente année que, sur les instances de l'entrepreneur, elle adressait à l'autorité compétente une demande en autorisation d'acceptation de la dite donation; et ce, encore, malgré l'opposition de certains membres du Conseil qui, sans le moindre scrupule et le cœur léger, demandaient que la Fabrique renonçât au legs Peyramale, afin sans doute de n'avoir à contribuer en aucune façon au règlement des travaux de reconstruction de l'église.

Si la demande en autorisation d'acceptation avait été faite en temps opportun, dès 1882, au jour de la liquidation de l'héritage Claverie, la Fabrique pouvait, étant mise en possession, verser un à-compte à l'entrepreneur dont *la créance n'eût pas été grossie des intérêts et des intérêts des intérêts pendant six années de la somme qui lui aurait été ainsi payée.*

Aujourd'hui encore, malgré l'arrêt du Conseil d'Etat du 6 janvier dernier, *la Fabrique ne s'est nullement occupée de faire rendre des comptes à M. A. Peyramale.*

Pourquoi la Fabrique semble-t-elle se complaire dans une telle inertie, dans une telle abstention systématique?

Nous posons cette question en laissant à qui de droit le soin de la résoudre.

RESPONSABILITÉ DE M. A. PEYRAMALE

Cette responsabilité est ce que l'Autorité diocésaine, la Fabrique et la Commune de Lourdes ont voulu qu'elle soit.

Mgr Jourdan, par sa lettre à M. l'abbé Peyret, la Fabrique en se dérobant à son devoir, et la commune en ne revendiquant pas dès en 1878 la propriété des constructions, *ont laissé croire à M. A. Peyramale qu'il était le maître de l'Œuvre, en tant qu'héritier de son frère.*

Personne, en effet, au lendemain du décès de Mgr Peyramale, n'ayant voulu accepter la responsabilité de l'entreprise, *la Légende* en faisant *un travail privé*, une œuvre personnelle du Curé de Lourdes, M. A. Peyramale crut qu'il était de son devoir, pour sauvegarder la mémoire de son frère, de reprendre la direction de l'affaire, et cela malgré les observations formelles de l'entrepreneur qui ne lui reconnaissait aucun pouvoir, aucun droit pour continuer *l'exercice d'un mandat qui avait été confié personnellement à Mgr Peyramale par la Fabrique autorisée par l'Évêque de Tarbes.*

Il ne nous servirait de rien d'examiner ici les moyens bons ou mauvais — plutôt mauvais — qu'employa M. A. Peyramale pour tenter de mener à bien l'entreprise dont il assumait la charge; ce que nous savons seulement, c'est que mal lui en prit d'avoir accepté le lourd fardeau de cette responsabilité, car il y a engagé son avoir personnel.

Les résultats de l'entreprise.

1° Pour M. A. Peyramale :

Nous venons de le dire : la perte de sa fortune privée.

2° Pour la Commune :

La propriété de la nouvelle église.

3° Pour la Fabrique :

La jouissance de cette église lorsqu'elle sera terminée, et elle le sera : il n'est pas possible en effet de supposer que les dépenses considérables déjà engagées aient été faites en pure perte.

Les nouvelles constructions représentent actuellement une valeur de :

Terrain, environ	50.000 fr. 00
Travaux exécutés.	477.714 85
Colonnes marbre	30.000 00
Matériaux approvisionnés	23.953 24
Total.	581.668 fr. 09

Sur cette somme, il a été payé, y compris les 100,000 francs versés par la commune, une somme de 120,500 francs environ.

4° Pour l'entrepreneur :

L'expertise ayant eu lieu SEPT ANNÉES après l'arrêt des travaux, alors que les échafaudages, à l'insu de l'entrepreneur, avaient été démolis par ordre du Maire de Lourdes ; alors que les bois et les matériaux approvisionnés avaient été dispersés, *ou même employés par la commune* pour la réfection des murs du presbytère, ou avaient subi une forte dépréciation ; alors que Mgr Peyramale n'était plus là pour confirmer des conventions verbales arrêtées entre l'architecte et lui, l'entrepreneur a vu réduire sa demande de 36,602 FRANCS 14, cette demande basée sur le règlement de l'architecte des travaux.

A cette perte vient s'ajouter celle de son matériel dont la valeur, *conformément à l'arrêt du 3 mars 1883, avait été fixée par les experts à* 14,580 fr. 53.

Nous disons que l'entrepreneur a perdu son matériel : en effet, la reprise de ce matériel *n'a pas été ordonnée par l'arrêt du 6 janvier,* il est resté pour compte à l'entrepreneur et dans quel état !

Si l'arrêt du 3 mars 1883 n'avait pas donné aux experts la mission « *d'évaluer le matériel à reprendre* » — ce qui était l'indication de la condamnation pour la Fabrique de reprendre le matériel — l'entrepreneur pouvait, à cette époque et depuis, se défaire de ce matériel et sans grande perte. Aujourd'hui quelle valeur peut-il bien avoir ?

Ce sont là des pertes qui peuvent se chiffrer ; mais que dire de celles beaucoup plus considérables et qu'on ne saurait évaluer, qui ont été causées par l'immobilisation du capital redû à l'entrepreneur, lequel s'est vu, faute de ce capital, contraint de renoncer aux grandes entreprises depuis onze années !

Si, encore, le Conseil d'État avait alloué des dommages-intérêts basés sur l'inexécution des travaux restant à faire ?

Mais non ! *La Fabrique* et *M. A. Peyramale* avaient fait plaider, comme nous l'avons observé plus haut, que l'engagement de l'entrepreneur ne comportait que l'exécution sur série de prix des ordres de l'architecte, sans détermination de quantité, et non, comme le portait effectivement son traité, L'EXÉCUTION COMPLÈTE DE L'ÉGLISE DANS LE DÉLAI D'UNE ANNÉE et l'obligation, *dans le cas où les travaux ne seraient pas livrés à la date convenue,* de subir une retenue de cent francs par chaque jour de retard.

Et c'est ainsi qu'ils ont surpris la religion du Conseil d'État !

Pour tous ces motifs, M. Bourgeois, au jour du règlement définitif et du paiement du solde, *n'aura fait qu'un simple placement de fonds au taux légal* en engageant ses capitaux dans l'affaire de Lourdes.

Il y aura perdu son temps, son industrie et par dessus le marché sa santé, en raison des longs et pénibles déplacements qui lui ont été imposés.

Ce sera pour lui le seul résultat de cette laborieuse entreprise !

Dernière procédure.

Le 24 mars 1888, M. Bourgeois déposait sur le bureau du Conseil de Fabrique, réuni en séance, le mémoire suivant, ainsi que le décompte de sa créance au 8 avril 1888.

« A Messieurs les Président et Membres du Conseil de Fabrique de l'église paroissiale » de Lourdes (Hautes-Pyrénées).

» Messieurs,

» Le soussigné, Henri-Paul-Octave Bourgeois, entrepreneur de travaux publics, demeu-» rant à Chartres (Eure-et-Loir), a l'honneur de vous exposer qu'aux termes d'un arrêt » rendu par le Conseil d'Etat statuant au contentieux, lu en séance publique le six jan-» vier 1888, dont l'expédition a été signifiée à Me Sabatier, avocat de la Fabrique de » Lourdes, et à Me Morillot, avocat du représentant de la succession Peyramale, suivant acte » de Chauvin, huissier à Paris, en date du 26 janvier 1888, enregistré, et aux parties, » notamment à M. le Trésorier de la Fabrique de l'église paroissiale de Lourdes, suivant » exploit de Morillon, huissier à Lourdes, en date du 1er février 1888, enregistré, il a été » décidé :

» (Ici, copie de la décision reproduite plus haut, page 34).

» Que la créance du soussigné, résultant de cet arrêt, s'élève, d'après le décompte joint » au présent, à la somme de 385.973 fr. 39, calculée jusqu'au 8 avril 1888, sauf erreur » ou omission.

» Sans préjudice et sous la réserve des intérêts à courir et de leur capitalisation, » conformément à la décision ci-dessus rapportée, sans préjudice encore du recours éventuel » pour les frais d'expertise et honoraires d'experts (art. 3) et des frais tels qu'ils seront » liquidés (art. 5) et de ceux qui en seront la suite;

» Que, pour obtenir paiement, le soussigné doit, conformément aux lois et règle-» ments sur la matière, demander l'inscription de sa créance au budget de la Fabrique, » lequel doit être établi le dimanche de Quasimodo (8 avril 1888), avant de provoquer les » mesures propres à effectuer ce paiement;

» Pourquoi le soussigné requiert qu'il vous plaise, Messieurs, après le rapport qui vous » sera présenté par votre Trésorier, décider que sa créance, telle qu'elle résulte de la décision » sus-énoncée, sera inscrite au passif du budget de la Fabrique de l'église paroissiale de » Lourdes, pour la somme de 385.973 fr. 39, résultant du décompte établi à la date du » 8 avril 1888 qui est celle de votre prochaine séance pour l'établissement dudit budget, » pour être payée suivant les voies et moyens qui seront arrêtés par les autorités compé-» tentes, sous la réserve des intérêts à courir et de leur capitalisation;

» D'y inscrire également les 13,579 francs liquidés pour frais et honoraires d'expertise,
» défalcation faite des 5.500 francs compris dans le chiffre de la créance pour avances aux
» experts par le soussigné, et les dépens, tels qu'ils seront liquidés; et pour ce qui en
» incombe à la Fabrique, sous réserve de tels recours et frais ultérieurs qu'il appartiendra,
» et généralement sous toutes réserves au surplus.

» Requérant, le soussigné, récipissé de la présentation du présent mémoire et de l'état
» de décompte de sa créance y annexé et certifié par lui sincère et véritable, sauf erreur
» ou omission.

» Il a l'honneur d'être respectueusement, Messieurs,

» Votre très humble et très obéissant serviteur,

» *Signé :* H. BOURGEOIS. »

» DÉCOMPTE DE LA CRÉANCE DE M. BOURGEOIS, résultant de la décision du Conseil
» d'État lue en séance publique du 6 janvier 1888, pour être annexé au mémoire expositif
» de sa demande à fin d'inscription de ladite créance au budget de la Fabrique de Lourdes
» qui doit être établi le dimanche de Quasimodo (8 avril prochain).

» ARTICLE PREMIER DE LA DÉCISION :

» 1° Travaux exécutés	477,714 fr. 85
» A déduire : les à comptes reçus	290,500 »
» Reste	187,214 fr. 85
» 2° Matériaux approvisionnés	23,953 24
» 3° Charpente, échafaudages et indemnité de matériel.	18,382 60
» 4° Frais de garde et location de chantier	11,065 »
» Total	240,615 fr. 69

» ARTICLE DEUXIÈME :

» 1° Intérêts et capitalisation des intérêts à la date du 6 décembre 1887	182,775 fr. 10
» 2° Intérêts du 6 décembre 1887 au 23 mars 1888 .	6,291 60
» Ensemble	429,682 39
» Reçu, à cette date, de la commune de Lourdes . .	50,000 »
» Reste dû en capital. . .	379,682 39
» Il est dû en outre, pour intérêts de cette somme, » du 23 mars au 8 avril 1888 (jour de Quasimodo).	791 »
A reporter.	380,473 fr. 39

Report. . . . . 380,473 fr. 39

» Plus, le versement fait par le soussigné, à titre de
» provision, à MM. les Experts   5,500   »

» Total de la Créance . .   385,473 fr. 39

» Dressé et arrêté à la somme de TROIS CENT QUATRE-VINGT-CINQ MILLE QUATRE CENT
» SOIXANTE-TREIZE FRANCS TRENTE-NEUF CENTIMES, calculée jusqu'au *8 avril 1888*, sous la
» réserve de tous intérêts à courir et de leur capitalisation jusqu'au paiement effectif, et
» certifié sincère et véritable par l'entrepreneur soussigné, sauf erreur ou omission.

» *Signé :* H. BOURGEOIS. »

Récépissé de ces deux pièces était donné à l'entrepreneur par M. le Trésorier de la
Fabrique, dès le jour de leur dépôt, 24 mars 1888.

Et le 27 mars, M. Bourgeois adressait à M. le Préfet des Hautes-Pyrénées, ainsi qu'à
Mᵍʳ Billière, évêque de Tarbes, copies de ces pièces auxquelles il joignait une copie de la
décision du Conseil d'État du 6 janvier 1888, en les priant de vouloir bien, après les
mesures d'instruction prescrites par les lois et règlements sur la matière, arrêter et ordonner
les moyens propres à faire opérer le paiement de sa créance.

Conformément à la loi, le Conseil de Fabrique se réunissait le dimanche de Quasimodo
(8 avril) et, sur la proposition de son Trésorier et de plusieurs de ses membres, décidait
qu'il n'y avait pas lieu d'inscrire au budget fabricien la Créance Bourgeois..... *attendu que
ledit budget ne devait comprendre que les recettes et les dépenses de l'exercice 1889.*

. . . . ?

Et LE 27 JUILLET dernier, l'entrepreneur recevait de M. Lacadé, Président de la Fabrique
la notification suivante :

» Monsieur Bourgeois,

» Le Conseil de fabrique dans sa séance DU 25 MAI a pris une délibération dont je
» vous envoie la copie et qui vous fixera sur ses intentions :

» EXTRAIT DU REGISTRE DES DÉLIBÉRATIONS DE LA FABRIQUE DE LOURDES.

» L'an mil huit cent quatre-vingt-huit, le vingt-cinq mai, à quatre heures du soir, le
» Conseil de Fabrique s'est réuni extraordinairement en vertu d'une autorisation de
» Mᵍʳ l'Évêque de Tarbes, sous la présidence de M. Lacadé.

» Présents : MM. Barrère, curé, Lapeyre, maire, Balencie, Latapie, Peyret, Pomés,
» Labayle Saint-Pierre, Romain Lacrampe, Capdevielle, avoué.

» Absent sans motif connu : M. Lavigne [1].

» La séance ouverte, M. le Président donne lecture au Conseil d'une lettre par laquelle
» on l'informe que M. l'abbé Brunery, curé doyen, *a légué à la fabrique de Lourdes un legs de*
» **2,000 francs** *sans charges.*

» Le Conseil ayant intérêt à faire entrer cette somme dans la caisse de la fabrique
» décide qu'il accepte purement et simplement ce legs.

» Le Président donne ensuite lecture d'une lettre de M. le Sous-Préfet d'Argelès en
» date du *16 avril 1888,* par laquelle ce magistrat demande *la production de certaines pièces*
» pour arriver à *la réalisation* par la Fabrique *de l'acceptation du legs de M⁹ʳ Peyramale qui a été*
» *faite par délibération du* **20 avril 1884.**

» M. Capdevielle déclare qu'il ne veut pas prendre part à la délibération et aux votes
» relatifs à cette affaire.

» Le Conseil, VU LES RESSOURCES NULLES *de la caisse de la fabrique,* décide *à la majorité :*

» 1° Que si M. Bourgeois *a avantage à ce que les pièces réclamées soient produites,* il en sup-
» portera seul les frais *et les produira personnellement;* que rien ne s'oppose à ce qu'il suive
» cette manière d'agir.

» 2° Il décide également que M. Bourgeois fera *à ses frais contre la succession de M⁹ʳ Peyra-*
» *male tous autres actes conservatoires que son intérêt commande.*

» Le Conseil REGRETTE *de ne pouvoir faire autre chose vu la situation de ses ressources.*

» La séance est levée.

» Ont signé : MM. Lacadé, Lapeyre, Lacrampe, Labayle, Balencie, Peyret, Latapie,
» Barrère, Pomès.

» Pour extrait conforme,

» Lourdes, le 27 juillet 1888.　　　　　　　　» LE PRÉSIDENT. »

Ainsi, jusqu'à la dernière heure, la Fabrique se dérobera à son devoir.

Nous ne commenterons pas cette monumentale délibération, nous ne jugerons pas cette
incommensurable force d'inertie déployée par la Fabrique.

Ce que nous dirons seulement, c'est qu'en s'abstenant systématiquement depuis plus
de dix années, MM. les Fabriciens auront favorisé la dilapidation des deniers à provenir des
hérédités Claverie et Peyramale, au détriment de l'entreprise.

Ils seront ainsi parvenus à rendre facile la constatation de l'insuffisance des ressources
de la Fabrique et de M. A. Peyramale.

Nous laissons, d'ailleurs, à qui de droit le soin de juger ces Administrateurs si peu
soucieux de faire honneur aux engagements de l'établissement religieux qu'ils représentent,

---

(1) M. Lavigne est le trésorier de la Fabrique.

CONCLUSIONS

Aux termes de l'article premier de l'arrêt du Conseil d'Etat du 6 janvier 1888, la Fabrique de l'église paroissiale de Lourdes, et à son défaut, M. A. Peyramale, sont tenus d'acquitter la créance de l'entrepreneur.

L'arrêt est muet pour le cas d'insuffisance des ressources et de la Fabrique et de M. A. Peyramale.

Cette insuffisance de l'ensemble des ressources des deux débiteurs étant reconnue, qui sera tenu de payer l'entrepreneur?

Nous répondrons hardiment :

C'EST LA COMMUNE DE LOURDES.

L'entrepreneur n'est-il pas, en effet, fondé EN DROIT comme en ÉQUITÉ à dire à la commune :

Il est vrai que j'ai traité avec la Fabrique par son délégué, Mᵍʳ Peyramale, et *telle est l'explication de l'arrêt du Conseil d'État du 3 mars 1883*, mais c'est en réalité pour votre compte, à vous Commune, que j'ai travaillé ; *c'est un de vos bâtiments communaux : L'ÉGLISE PAROISSIALE*, que j'ai reconstruit, et vous avez si bien reconnu *le caractère municipal* de l'œuvre et *sa destination d'utilité publique communale* que votre Conseil municipal a, le 29 décembre 1872, CONSTATÉ LA NÉCESSITÉ DE L'ENTREPRISE et que, le 24 avril 1876, IL EN A APPROUVÉ LES PLANS ; et, si le 7 juillet 1875, *il a paru borner* son concours au vote d'un subside de 100,000 francs, c'est uniquement parce que, *de concert avec la Fabrique et Mᵍʳ Peyramale*, il a pensé que, DANS L'INTÉRÊT DU SUCCÈS DE L'ŒUVRE, il était préférable que la commune restât *au second plan*, ne jouât dans l'affaire *qu'un rôle secondaire et effacé* et laissât à la Fabrique *ou à son représentant, Mᵍʳ Peyramale*, toute la direction de l'entreprise, de manière à donner à celle-ci UN CARACTÈRE RELIGIEUX capable de provoquer les dons des pèlerins et les offrandes des fidèles ; mais cette combinaison, dictée par des raisons *de tactique budgétaire*, CET ARRANGEMENT DE FAMILLE, pour ainsi parler, conclu entre la Fabrique, Mᵍʳ Peyramale et vous, Commune, ne saurait être opposée *aux tiers de bonne foi* et ne change absolument rien à la nature de l'entreprise qui reste quand même UNE ENTREPRISE COMMUNALE, UN TRAVAIL PUBLIC COMMUNAL, ainsi d'ailleurs que l'a proclamé l'arrêt du Conseil d'Etat du 14 novembre 1879.

C'est vous, Commune, qui êtes LA DESTINATAIRE, LA BÉNÉFICIAIRE DES TRAVAUX ; et, si, d'après vos arrangements avec la Fabrique, vous ne devez qu'une subvention de 100,000 fr., d'après l'équité, d'après la loi et en vertu de ce principe de droit que PERSONNE, pas plus les communes que les particuliers, NE PEUT S'ENRICHIR AUX DÉPENS D'AUTRUI, *vous êtes tenue de pourvoir à l'insuffisance des ressources de la Fabrique et de Mgr Peyramale* avec qui j'ai traité, mais qui ne sont à mon égard que *vos représentants.*

En effet, la Fabrique et Mgr Peyramale n'ont été que *vos intermédiaires, vos instruments, vos moyens d'action,* puisque c'est POUR VOUS en réalité QU'ONT ÉTÉ FAITS LES TRAVAUX, QU'ILS ONT ÉTÉ COMMANDÉS, et vous êtes subsidiairement RESPONSABLE vis-à-vis de moi, tout comme l'État l'est lui-même, aux termes de la jurisprudence (*arrêts du Conseil d'État* des 27 avril 1877 et 12 mars 1880) vis-à-vis du propriétaire dont il a fait fouiller le terrain par l'entrepreneur, en vue de l'exécution de travaux publics, lorsque l'entrepreneur, débiteur principal de l'indemnité, tombe en déconfiture et ne peut acquitter ses engagements.

L'entrepreneur soussigné termine ces longues pages, embrassant l'histoire de la reconstruction de l'église paroissiale de Lourdes, durant une période de près de *dix-sept années,* plein de confiance que les Autorités compétentes voudront bien arrêter et ordonner les mesures propres à donner à cette affaire, par les voies et moyens légaux qu'il leur plaira adopter, une solution conforme à l'équité et aux droits des tiers engagés de bonne foi dans ladite affaire.

ET CE NE SERA QUE JUSTICE !

H. BOURGEOIS.

Chartres, 15 Octobre 1888.